# LES
# CINQUANTE FRANCS
## DE
# JEANNETTE.

PAR DUCRAY-DUMINIL.

## TOME PREMIER.

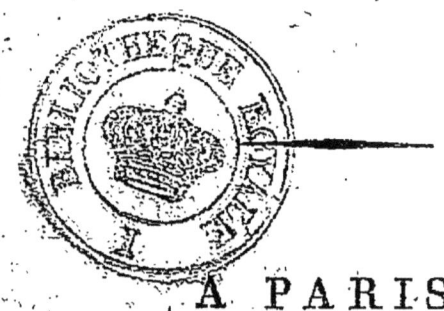

A PARIS,

Chez BELIN-LE PRIEUR, Libraire,
quai des Augustins, N°. 55.

---

1813.

SAINT-QUENTIN.
IMPRIMERIE DE MOUREAU FILS.

# PRÉFACE.

Je m'étais décidé à passer une partie de l'été dernier à S.-O., village à une lieue de Paris, où j'avais, depuis quatre ans, une petite habitation champêtre. J'y faisais ma *Cœlina* ou *l'Enfant du Mystère*, roman en 6 vol., qui a paru cet hiver, et pour lequel le Public a daigné montrer autant d'indulgence que pour mes premiers ouvrages : j'y vivais heureux, tranquille, près d'une compagne estimable que je chéris, et dans le sein d'une société agréable d'amis francs, bons, sincères, aimant les arts, artistes eux-mêmes. Quel agréable séjour ! je ne me le rappellerai jamais, que des larmes de sensibilité ne viennent humecter mes paupières : mes yeux verront sans cesse ses bords fleuris de la Seine, ces points de vue étendus, variés, entrecoupés par des montagnes, des côteaux boisés, des villages, des hameaux qui paraissent offrir des bouquets de chaumières au milieu d'une plaine cultivée, et présentent, aux regards surpris, mille nuances diverses de verdure et de légumes nourriciers. Je me transporterai toujours en idée dans le parc champêtre ensemble, et soumis aux nivellemens de l'art ; dans ce parc, asyle d'un philosophe, d'un ami de la nature, où l'ombre de *La Fontaine* souriait sans doute à *Mancini-Nivernois*, composant, écrivant ses fables dans un bosquet de jeunes châtaigniers. Je mesurerai, avec l'œil pensif du publiciste, la hauteur des arbres touffus qui décorent le parc de

*Necker*, de ce financier Genevois, à qui l'Europe doit tant de grands changemens ; je penserai souvent, en un mot, aux soirées délicieuses que je passais dans mon petit jardin, assis sur un gazon, au clair de la lune, et voyageant, avec ma *Cœlina*, dans les glaciers brumeux de la Savoie.

Quelles sont touchantes les occupations de l'homme de lettres ! comme elles agrandissent son être ! comme elles l'élèvent au-dessus de cette terre qu'il habite ! Sa pensée mesure les cieux et la terre ; elle le fait errer dans les diverses contrées habitées ou non de ce globe immense : avec elle, sans quitter son manoir agreste, il gravit les sommités du Mont-Blanc ; il visite tous les peuples ; il converse avec le pêcheur Indien dans son humble case, où il foule aux pieds les tapis luxueux des despotes de l'Asie. Libre de son essor, il le dirige où il lui plaît, et il quitte, à son gré, les Empires où il ne se trouve pas bien. Oh! combien il a vu de choses, quand il quitte son jardin pour s'asseoir à la table frugale de sa compagne! comme il a voyagé!....

Oublierai-je jamais ces bons amis, M. B....., son épouse, leurs aimables enfans, cette société intéressante d'artistes, se réunissant dans les longues soirées d'automne, pour se livrer aux jeux d'Euterpe ou de Terpsicore? et ne me verrai-je pas sans cesse, près d'eux, assis sous le mystérieux acacia, ou respirant le soir la douce odeur des fleurs, le long d'une terrasse qui domine sur la rivière? Etres bons et sensibles, recevez ici le tribut de reconnaissance de l'amitié, et faites-moi partager encore vos innocens plaisirs! J'ai besoin du spectacle de la simplicité de vos mœurs; je dévore les tableaux qui m'offrent des vertus; offrez-les moi toujours, et je vous devrai mon bonheur.

Ce fut dans une de ces sociétés charmantes, qu'on rencontrait dans ce petit village, qu'il se présenta un jour une dame d'environ vingt-cinq à vingt-six ans. Elle était accompagnée d'une amie qui paraissait avoir quelques années de plus qu'elle. La plus jeune des deux portait dans ses bras un petit enfant qui se jouait avec les ornemens de sa coiffure. Un cavalier bien fait, le père sans doute de cet aimable enfant, accompagnait ce couple rare aujourd'hui, de deux femmes vivant dans la plus grande intimité de l'amitié. Je m'empressai de féliciter la plus jeune du bonheur de sa maternité : Ah, monsieur! me dit-elle, si je suis mère, si je suis heureuse, si je suis l'amante aimée du plus estimable des époux, regardez cette amie, c'est à elle que je dois tant de félicité!...

Tous les regards se tournèrent sur-le-champ sur l'autre dame, qui rougit, détourna les yeux, sourit, et pria son amie de l'épargner. Non, non, ma bonne amie, s'écria la première, il faut que tout le monde sache que je vous dois le bonheur; et voilà, monsieur (me montrant), qui, s'il connaissait le procédé sublime dont vous avez été capable envers moi, s'empresserait sans doute de le transmettre au Public, dans une de ses productions.

Avide, comme tout romancier, de sujets, d'actions, d'intrigues, je priai la jeune dame de me raconter ses aventures. Elle s'y refusa pour le moment, afin de ménager la délicatesse de son amie; mais, le lendemain matin, je me rendis de bonne heure à une charmante maison de campagne qu'elle possédait dans la vallée de Montmorency. La jeune dame et son mari étaient seuls : ils me firent asseoir, et m'apprirent tout ce qui leur était arrivé, ainsi que les obligations qu'ils avaient à la plus sensible comme à la plus généreuse des femmes.

C'est cette histoire que je donne aujourd'hui au Public. Puisse-t-il y trouver quelque charmes, un but moral, utile, et sur-tout cet intérêt qu'elle m'inspira lorsqu'elle me fut racontée par les parties intéressées ! Peut-être le sublime dévouement de Jeannette, à la fin, paraîtra-t-il un effort au-dessus d'une créature animée : il est réel cependant ; et, sans doute, s'il honore le sexe aimable qui en a donné l'exemple, en considérant les vertus, la bonté sur-tout, la profonde sensibilité de ce sexe charmant, le nôtre sera obligé de convenir qu'un acte de délicatesse ne peut être jamais surnaturel à une femme.

# LES CINQUANTE FRANCS DE JEANNETTE.

## CHAPITRE PREMIER.

*Neuvaine à Saint-Nicolas.*

M. D'Eranville avait fait un mariage d'inclination : il était riche, et Rosalie, son épouse, ne lui avait apporté aucuns biens, pas même de successions à espérer. Rosalie était la fille d'un ancien militaire qui, pour honneur, n'avait que la banale croix de Saint-Louis, qu'on donnait à tout le monde, et, pour existence, la modique pension attachée à cette décoration si multipliée autrefois. Rosalie, ayant perdu son père de bonne heure, avait été élevée par une mère, vertueuse sans doute, mais dont la faiblesse était de s'entourer de prêtres, de religieux de tous les ordres, et de passer ses journées entières à l'église, où elle n'aurait pas manqué les sextes et les nones pour tout l'or du monde. Rosalie avait pris les goûts de sa mère : la dévotion faisait le fonds de son caractère ; et son défaut de fortune l'appelant au cloître, genre de vie qui, d'ailleurs, ne contrariait pas son inclination, elle allait se confiner pour jamais dans un couvent, lorsque M. d'Eranville la vit, l'aima, la demanda à sa mère, et l'obtint en mariage. Rosalie perdit sa mère quelques années après son hymen; et, femme douce, vertueuse, elle concentra toutes ses affections dans son époux, l'être le plus cher qu'elle eût alors sur la terre. Rosalie savait bien qu'elle avait encore un parent qui lui avait donné des preuves de tendresse dans son enfance : c'était un frère de sa mère, qui jouissait à Paris d'une fortune immense; mais ce vieillard avait deux enfans; leur éducation l'occupait, et il n'allait plus à Abbeville, près de laquelle ville Rosalie fixait son séjour. Elle n'entendait point parler de son oncle, et elle ne pensait qu'à son époux.

Rosalie, toujours attachée à ses devoirs de religion, ne poussait cependant point la dévotion à l'excès. Elle était bien moins exagérée sur ce point que sa mère, à qui elle devait ce léger défaut; bonne, je le répète, douce, sensible, amie du plaisir et de la dissipation, elle se prêtait volontiers à tous les jeux, à toutes les plaisanteries même de la société; et si elle en faisait souvent le charme par son esprit et les talens qu'elle possédait, elle rendait constamment son mari le plus heureux des hommes par les qualités rares et précieuses de son excellent cœur.

Il ne manquait à ces tendres époux

qu'un fruit de leur hymen. Un enfant eût été pour eux le don le plus cher de la nature; et la nature, sourde souvent aux prières de ceux qui l'invoquent, le leur refusait. Ils avaient tout, hors ce bien, pour être heureux. Habitant une charmante terre près d'Abbeville, jouissant de toutes les aisances de la vie, au milieu d'un cercle choisi d'amis éclairés et sûrs, ils semblaient n'avoir rien à désirer; mais Rosalie brûlait d'être mère; M. d'Eranville soupirait aussi après le doux lien de la paternité, et il leur importait peu à tous deux, pourvu qu'ils eussent un enfant, de quel sexe il fût : au contraire, madame d'Eranville souhaitait une fille, et son époux se réunissait à elle pour former le même vœu. Mais ni fille, ni garçon! c'était aussi une trop grande privation.

Déjà onze années s'étaient écoulées, toujours dans le même regret, dans le même désir, lorsqu'un matin M. d'Eranville fut très-étonné d'apprendre que son épouse était partie secrètement, de très-bonne heure, portant un petit paquet sous son bras, et sans dire à qui que ce fût le motif de cette brusque sortie. Rosalie était sage, vertueuse; son époux ne pouvait la soupçonner d'aucune démarche contraire à l'honneur. Où donc était-elle allée sans l'en prévenir, sans le consulter ? Il rencontre la femme de chambre de Rosalie : — Où est votre maîtresse ? Monsieur.... elle est sortie. — Je le vois bien ; mais où est-elle allée ? — Monsieur.... — Hein? plaît-il? du mystère? Qu'est-ce que cela veut dire? Où est madame, encore une fois ? — Madame, monsieur ? madame ne reviendra que dans deux jours, demain peut-être. — Si vous ne me dites l'objet de ce voyage, je vous fais chasser. — Mon dieu! c'est que madame m'a défendu... — De me dire son secret? madame ne peut en avoir d'injurieux à son époux; elle n'en eut jamais pour moi. Parlez, Victoire, ou vous éprouverez l'effet de mon ressentiment.

La femme de chambre hésite, pâlit; mais voyant que d'Eranville est égaré, hors de lui, elle prend le parti de tout avouer. Eh bien, monsieur, lui dit-elle, vous saurez tout; et si je suis grondée, monsieur voudra bien prendre mon parti? Monsieur connaît bien le père Idulphe, le directeur de la conscience de madame, ce capucin qui demeure au couvent voisin? — Sans doute: après? — C'est que père Idulphe... Monsieur sait bien que madame brûle d'avoir un enfant. — Eh bien! père Idulphe! comment, parlez? — Père Idulphe lui a donné le secret d'en avoir un. — Je ne vous entends pas. — Monsieur devrait pourtant m'entendre. — Oui, si je me laissais aller à la première idée que semble donner votre manière gauche de raconter les choses. — Mon Dieu, monsieur, je dis ce que je sais, ce que j'ai entendu, ce que j'ai vu. — Vous avez vu?... — Oui, le révérend père Idulphe dire à madame: Mon enfant, écoutez-moi : veuillez me suivre demain ; je vous promets que vous deviendrez mère. — L'insolent ! — Père Idulphe continuait : Il ne faut pas que votre mari sache où nous allons ; il dérangerait nos projets. — Je le crois bien. — Il ajoutait, pardon, monsieur ; il ajoutait : Votre mari s'yopposerait ; c'est un homme du monde, qui tourne en ridicule tous les pieux exercices de notre religion. — Il appelle cela un pieux exercice ? — Sans doute, monsieur, et très-pieux encore ; car ils vont passer deux, trois jours, neuf jours peut-être, à prier ensemble. — A prier, sotte ! — Sans doute, à prier le bon saint Nicolas ! Si le bon saint Nicolas n'y fait rien, madame ira fourrer sa tête dans le trou de saint Frambourg : si le trou de saint Frambourg n'opère pas, elle ira jusqu'au Val-d'Ombre baiser six fois par jour le pied miraculeux de Sainte Marie de Bon-Recours ; et il faudra bien que tous ces saints là lui donnent un joli petit enfant.

D'Eranville avait éprouvé d'abord un léger mouvement de jalousie. Il était sûr de la vertu de sa femme ; mais il craignait les séductions du cafard qui dirigeait sa conscience, et il n'avait pu maîtriser son emportement ; mais en entendant Victoire parler de saint Nicolas, de saint Frambourg, de sainte Marie de Bon-Recours, de toutes ses pratiques superstitieuses qu'on met dans la tête des femmes qui veulent devenir mères, il se calma, et ne put même s'empêcher de rire. Ah, voilà le mystère, dit-il ; et toi, pauvre insensée ! tu n'osais pas me faire part de cette extravagance de ta maîtresse ? Allons, ce n'est rien qu'un petit accès de dévotion, que je prétends néanmoins arrêter dans sa source. Dis-moi, elle est donc partie ce matin pour Saint-Nicolas ? — Oui, monsieur, pour cette église qui, comme vous le savez, est la paroisse d'Orneval, du village voisin. — Et pourquoi ne t'a-t-elle pas emmenée avec elle ? —

Père Idulphe lui a remontré que son pélerinage devait être fait isolément, et dans la plus grande humilité. — Ah! fort bien : père Idulphe aime les tête-à-tête! Victoire, dis à Picard qu'il mette les chevaux à la voiture : nous allons partir, toi et moi, pour Orneval. — Monsieur, ma maîtresse me grondera. — Point : tu lui diras... Ma foi, tu lui diras que de ton côté tu as aussi un pélerinage à faire à Saint-Nicolas. — O monsieur! mon mari Picard et moi, nous n'avons pas besoin des saints du paradis : voilà quatre ans que nous sommes mariés, et, dieu merci, me voilà enceinte de mon troisième sans les secours de saint Nicolas ni du révérend père Idulphe!....

D'Eranville sourit de la naïveté de cette bonne femme, et un moment après il monta en voiture avec elle. Arrivé au village d'Orneval, d'Eranville entra sur-le-champ dans l'église où l'on célébrait la messe. Dans une chapelle à gauche, il y avait une grande statue coloriée, représentant saint Nicolas. A ses pieds était une énorme jatte de cuivre remplie d'offrandes de toute espèce, et autour de la chapelle on voyait agenouillées une douzaine de jeunes femmes toutes plus jolies les unes que les autres. D'Éranville y remarqua bientôt la sienne, qui rougit en l'apercevant. Mon ami, lui dit-elle avec timidité en accourant à lui, pardonne si je ne t'ai pas averti du projet........ Je craignais ta censure, tes objections, ta défense d'entreprendre un saint pélerinage dans lequel j'ai la plus grande confiance. — Rosalie, voilà la première fois que tu me caches tes projets : dis-moi où est le père Idulphe ? — Chez M. le curé, mon ami. — Ah, chez M. le curé ! j'espère qu'il y restera, chez M. le curé, et que tu voudras bien revenir sur-le-champ chez toi. — Mon ami, laisse-moi prier ; tu désires d'être père : un enfant ferait mon bonheur ; il ne faut négliger aucun moyen : qui sait si le ciel, si le bienheureux saint Nicolas...... — Laisse-là le bienheureux saint Nicolas, Rosalie, et suis ton époux. — D'Éranville, tu ne m'as jamais rien refusé : ne commence point à me causer du chagrin. Tiens, voilà une petite place près de moi ; prions nous deux, et sois sûr que le pieux dévouement de deux cœurs ne peut qu'être agréable au saint prélat que d'autres femmes viennent invoquer comme moi. — Effet ridicule du fanatisme ! — Ah, te voilà, d'Éranville, toujours impie ! si tu savais quelle peine cela me fait ! c'est le seul défaut que je te connaisse.

Rosalie laissa tomber quelques larmes. Son époux les aperçut, et ne se sentit plus la force de contrarier ses projets. Il poussa la complaisance même jusqu'à marmotter quelques mots de l'oraison à saint Nicolas ; et Rosalie lui témoignant le désir de faire, au pied du saint, une neuvaine complète, il se détermina à rester avec elle à Orneval pendant tout le temps de sa benoîte ferveur; mais, surveillant toujours Rosalie, éloignant d'elle le moine superstitieux: il passait tous ses momens à chasser avec des amis, outre les plaisirs de la table et ceux des promenades champêtres.

De retour à sa terre avec Rosalie, d'Eranville, qui se proposait d'écarter de chez lui toute espèce de moines, et qui cependant craignait de s'aliéner le cœur de sa femme par ce coup d'éclat, trouva tout naturellement le moyen d'effectuer son projet, en procurant à son épouse un voyage qui pouvait faire diversion à ses pratiques de dévotion.

## CHAPITRE II.

### *Voilà Jeannette.*

D'Eranville comptait trente-un ans, et sa femme vingt-neuf. Il y avait onze ans qu'ils étaient mariés;

et qu'ils s'adoraient comme le premier jour de leur hymen. Il n'était pas étonnant que d'Eranville eût pour son épouse tous les égards que méritait cette femme adorable, à son travers près. Quant à ce travers, né pour ainsi dire avec elle, fortifié dès son enfance par l'exemple et les conseils de sa mère, il ne pouvait que s'accroître avec l'âge de Rosalie: elle n'avait rien d'ailleurs qui l'occupât, pas d'enfans, rien qui pût fixer son attention, sa tendresse; il fallait bien qu'elle fît quelque chose; et la dévotion, pour une femme qui n'a rien à faire, est une très-grande occupation : cependant, je le répète, elle ne lui prenait que par accès, et toujours dans l'espoir de devenir mère, d'obtenir du ciel ce que la nature lui refusait. Hors ce vœu qui la fixait au pied des autels, c'était une femme de société, bonne, bonne! et sur-tout d'une sensibilité exquise. Tant de qualités devaient bien faire excuser en elle un défaut; et d'Eranville était trop admirateur des perfections de sa femme, pour la tourmenter, pour se tourmenter lui-même, en répétant toujours ce qu'il lui avait dit déjà cent fois.

En rentrant donc à sa terre, après la neuvaine de saint Nicolas, d'Eranville trouva une lettre ainsi conçue :

« Mon cher Neveu,

» Je suis, vous le savez, l'oncle
» de votre femme, et je ne puis
» oublier, sur-tout dans ce funeste
» moment, l'enfant de ma sœur,
» l'intéressante Rosalie, que j'ai
» toujours aimée, quoique je l'aie
» perdue de vue depuis long-temps.
» Apprenez tous mes malheurs.
» Une maladie épidémique, cruelle,
» affreuse, a étendu ses ravages sur
» ma triste famille : je n'avais que
» deux enfans, la petite vérole vient
» de me les ravir tous deux, déjà
» grands, déjà formés.... Cette fu-
» neste maladie m'atteint moi-même,
» du moins je le crains, dans le mo-
» ment

» ment où je vous écris. Je suis seul,
» et peut-être vais-je terminer ma
» carrière... Venez, mes chers ne-
» veux, mes enfans à présent, oui,
» les seuls enfans qui me restent ;
» venez fermer les yeux d'un oncle,
» d'un père infortuné ; et si vous le
» perdez, que ses bienfaits gravent
» à jamais dans votre cœur sa mé-
» moire et son nom. »

*François* DURAND, *ancien négo-<br>
ciant, rue de la Ferronnerie, etc.*

Cette lettre fit verser des larmes à la sensible Rosalie, quoiqu'elle n'eût pas vu son oncle depuis plus de vingt ans. D'Eranville fut sensible sans doute aux malheurs de la famille Durand ; mais il était homme, et les calculs de l'intérêt vinrent calmer sa douleur. Quoique riche, il ne put penser sans émotion que si le sort enlevait M. Durand, sa fortune allait s'accroître de plus de quarante mille livres de rente. Cette pensée fit sourire son esprit, et, faut-il le

B

dire ? elle endormit sa sensibilité. Soudain il fit ses préparatifs pour partir ; et quelques jours après, d'Eranville, après avoir laissé sa terre aux soins d'un régisseur, monta en voiture avec sa femme, Victoire et son mari Picard, qui fit voler la berline jusqu'à Paris. Là, d'Eranville descendit chez un ami, M. de Briceval, qui occupait une fort jolie maison, avec un charmant jardin, dans un des faubourgs, à la porte des boulevarts neufs. Briceval fit l'accueil le plus obligeant à d'Eranville, à Rosalie ; et le même jour les deux époux se rendirent rue de la Ferronnerie, chez leur oncle Durand, qu'ils trouvèrent presqu'à l'extrémité. Ce vieillard, seul maintenant sur la terre, était livré à des mercenaires qui lui prodiguaient les soins de l'intérêt. Dès qu'il sut que sa nièce et son neveu étaient arrivés, il recouvra ses forces pour les embrasser, et pour faire un testament en leur faveur. Quelques jours après, il expira ; et d'Eranville se livra aux affaires de la succession, tandis que la bonne Rosalie songea, avec Victoire, aux pratiques de piété qu'exigeait, selon elle, le repos de l'âme du défunt.

Tout se calma néanmoins peu-à-peu; et le séjour de Paris plaisant singulièrement à d'Eranville, il forma, pour s'y fixer, un projet que sa femme approuva. D'abord il acheta un superbe hôtel, rue du Cherche-Midi, tout près de celui de son ami Briceval; puis, ayant pris des laquais, il se forma une maison pour lui, ainsi qu'une autre pour madame; tout cela sans faste, sans prodigalité, mais d'un bon ton, et tel que sa fortune le lui permettait. Le voisinage de Briceval plaisait infiniment à nos époux: c'était un homme d'un commerce sûr, mais assez triste, et qui avait éprouvé des malheurs. Ces malheurs, il ne les avait jamais communiqués à personne, pas même à d'Eranville, ni à Rosalie, qui étaient ses amis les plus intimes. Briceval avait juré de les ensevelir avec lui dans sa tombe ; et il vivait retiré, occupé uniquement de l'éducation d'un fils qui avait cinq ans, et qui était l'unique fruit d'un hymen malheureux.

Briceval était âgé au plus d'une quarantaine d'années, bien fait, aimable ; il joignait à beaucoup d'esprit un grand fonds de sagesse, et surtout une exacte probité. Sa parole d'honneur une fois donnée, rien n'aurait pu la lui faire retirer. Il était franc, sincère, bon, sensible, généreux, et sur-tout très-délicat dans ses procédés. Briceval, en un mot, était un ami digne des estimables d'Eranville.

Nos époux, de leur côté, habitués à une vie sédentaire et tranquille, ne voyaient que Briceval, et sortaient rarement de leur quartier. Au bout d'un an de séjour dans le faubourg Saint-Germain, ils ne connaissaient pas encore les autres quartiers de Paris ; et lorsqu'ils allaient au spectacle, ce qu'ils se permettaient rarement, leur voiture les y conduisait et les ramenait chez eux, sans qu'ils se fussent arrêtés ailleurs. Ils vivaient donc heureux dans le sein de l'amitié, et riches tant de leur propre fonds que de l'héritage considérable que leur avait laissé leur oncle Durand.

Ils ne pouvaient s'habituer cependant à la privation d'un enfant, et leur fortune, plus que doublée, leur donnait encore des regrets de n'avoir point un héritier. Douze années d'hymen ne pouvaient calmer leurs regrets; et si d'Eranville avait renoncé au bonheur d'être père, Rosalie avait la preuve que toutes les neuvaines possibles, à tous les saints du Paradis, ne pouvaient combler ses vœux. Il fallait se résigner, et même se forger des motifs de consolation, des raisons pour s'applaudir de n'avoir ni l'embarras, ni les soins, ni les inquiétudes que cause toujours un être à qui l'on a donné la vie : c'est ainsi qu'on calcule en pareil cas. Cependant, quand Rosalie voyait une femme de la classe indigente obtenir de l'hymen deux, quatre, et souvent huit enfans que leur mère pouvait à peine nourrir, Rosalie s'écriait dans son langage dévot : Mon Dieu ! pourquoi donnes-tu tant d'enfans à ceux à qui tu n'envoies point les moyens de les élever ? Pourquoi fais-tu tant de malheureux, quand je ne te demande qu'un seul être qui serait si bien, si fortuné, si tendrement aimé !.....

Elle était triste, et ne pouvait voir sans envie le bonheur des autres mères ; mais aussi quand des maladies cruelles privaient ces mères de leurs enfans, Rosalie se consolait de n'en point avoir, car elle le sentait, la perte d'un fils chéri lui aurait coûté la vie.

Un jour, Rosalie témoigna à son époux le désir de visiter quelques-uns des principaux monumens de Paris. On lui avait parlé de l'église Notre-Dame, de ses hautes tours, des chefs-d'œuvre de l'art qu'on y admirait. Rosalie demanda à commencer son examen par cette cathédrale antique, qui, suivant ses goûts, piquait le plus sa curiosité. D'Eranville y consent ; et, pour comble d'agrémens, Briceval demande à être de la partie. Nos époux acceptent son aimable société, et tous trois montent en voiture. D'abord l'aspect imposant de ce gothique monument charme les regards étonnés de Rosalie : elle entre, et la figure colossale de saint Christophe ( qu'on a abattue depuis ) fixe son attention. Son ame pieuse ramène ensuite ses yeux vers le chœur de l'église, et elle s'agenouille pour faire sa prière, tandis que d'Eranville et Briceval examinent la statue équestre de Philippe-le-Bel. Un silence profond régnait dans l'église, où méditaient seulement quelques fidèles. Tout-à-coup Rosalie est distraite par ces mots qu'on entend prononcer très-haut par une jeune voix :

« N'oubliez pas, s'il vous plaît,
» les pauvres petits Enfans-Trouvés,
» qui prieront bien le bon Dieu pour
» vous ! »

Rosalie se retourne, et appelle son mari : Mon ami, lui dit-elle, qu'est-ce que cela veut dire ? As-tu entendu ?

Le même cri recommence. Briceval s'approche : Ce sont, madame, lui dit-il, les petits Enfans-Trouvés, élevés aux frais du gouvernement, qui demandent quelques secours aux âmes charitables. — Où sont-ils ? — Là-bas; suivez-moi : est-ce que vous ne les avez pas vus en entrant ?

Rosalie, étonnée comme le sont tous les étrangers quand ils entrent dans un monument très-vaste, n'avait pas remarqué en effet l'espèce de boîte ou de vaisseau dans lequel une religieuse lisait, entourée de sept à huit petits enfans. Rosalie s'approche : Qu'ils sont jolis ! s'écrie-t-elle.

« Ma bonne dame, n'oubliez pas
» les pauvres petits Enfans-Trouvés,
» qui prieront bien le bon Dieu pour
» vous ! »

Oh non, non, s'écrie Rosalie, non, je ne vous oublierai pas, enfans charmans, intéressans, dont l'aspect m'attendrit jusqu'aux larmes ! Tenez, prenez, prenez !...

Elle ouvre sa bourse, et la répand dans les petits tabliers de ces jolis enfans, qui, d'un air sérieux, vont porter tout cela à leur gardienne. Heureux âge ! poursuit Rosalie ; l'intérêt ne parle point à ces jeunes cœurs : ils prennent froidement l'or qu'on leur présente ; un jour ils feront tout pour l'avoir, ils en sentiront le prix : pour le moment, je crois que ceci leur plaira davantage.

Rosalie tire de sa poche une bonbonnière. Tous les petits yeux gourmands se fixent sur ce bijou précieux : elle l'ouvre, et les petites mains s'allongent de tous les côtés. Rosalie dispense également ses bienfaits ; et le sourire voltige sur les lèvres de rose de tous ses aimables convives. Rosalie a vidé sa bonbonnière, et s'aperçoit avec peine qu'un petit enfant est resté muet et pensif au fond de la crêche, sans avoir osé se montrer, ni s'avancer. Pauvre petit! dit Rosalie, je t'ai oublié, et malheureusement je n'ai plus rien : aussi, pourquoi ne t'es-tu pas approché comme tes camarades?

L'enfant rougit, et baisse les plus beaux yeux du monde. Tu rougis, mon ami? poursuit Rosalie : je t'ai fait de la peine : j'en suis fâchée : attends, je vais t'en acheter; tu n'y perdras rien.

L'enfant s'approche, retient Rosalie par la main, et lui dit : Non, madame, je n'en ai pas besoin. — Quoi! tu n'aimes pas les bonbons? — Si, madame. — Eh bien? — Mes camarades les aiment mieux que moi. — Après? — Je suis bien aise qu'ils les aient mangés. — Bon petit cœur! Regarde-moi : mais regarde-moi donc. La charmante figure! Comment t'appelles-tu? — Jeannette, madame. — Jeannette? ah! c'est une petite fille! Et ton papa?

— Je n'ai point de papa, madame : nos papas, nos mamans nous ont abandonnés; nous sommes les enfans du bon Dieu. — Pauvres petits! ils m'arrachent des larmes!... Les barbares! elles sont mères, et elles abandonnent leurs enfans! et moi, moi, je ne suis pas mère! O mon Dieu! — Dieu ne nous abandonnera pas; il est le papa de tout le monde. — Charmante enfant! oui, Dieu est le père commun de tout ce qui respire. Il vous a pris sous sa protection! — Nous ne prions que lui, et nous le chérissons autant que nos bonnes mères de l'hospice. — Quelle facilité à s'exprimer! Quel âge, ma sœur? — Quatre ans, répond la sœur gardienne. Quatre ans! si jeune, et tant de présence d'esprit? Ses petits raisonnemens me charment. Jeannette, viens, oh, viens sur mon cœur, que je t'embrasse, que je te prodigue les tendres caresses que méritent ton sort et ton ingénuité!...

Madame d'Eranville embrasse l'enfant, qui se prête à ses douces effusions.

## CHAPITRE III.

### *Adoption.*

Vois donc, mon ami, dit Rosalie à son époux, si nous avions un pareil enfant....!

D'Eranville embrasse aussi la petite Jeannette, qui, de ses bras passe bientôt dans ceux du sensible Briceval. Pendant ce temps, Rosalie interroge ainsi la sœur gardienne : O ma sœur! tous ces enfans sont charmans, sans doute; mais celui qui me plairait le plus, c'est la petite Jeannette; et vous dites qu'elle n'a que quatre ans? — Peut-être, madame, un mois ou deux avec. — Mais vous devez raffoler de cette enfant? — C'est vrai, madame; c'est bien celle aussi que nos dames chérissent le plus : il n'y a pas jusqu'à nos administrateurs qui, lorsqu'ils viennent à la maison, demandent toujours de ses nouvelles. — C'est l'enfant du malheur? — Ou de l'indigence : nous l'ignorons. Elle fut apportée, il y a quatre ans environ, par un particulier qui l'avait trouvée dans son allée. — Dans une allée, grands Dieux! exposer un faible nouveau né aux blessures, aux pas précipités des imprudens! Aucun signe ne vous a fait découvrir?... — Aucun : la pauvre petite était absolument nue. Pas un vêtement, madame, et cela dans le plus grand froid d'un hiver rigoureux. Un seul papier ployé était à côté d'elle; mais il ne signifiait rien. — O marâtre! ô femme atroce! en abandonnant ton enfant, tu fus plus féroce que la lionne, que la panthère! exécrable humanité!... Quelle privation qu'un pareil enfant! car la raison, chez Jeannette, a devancé l'âge. Comme dit madame : il est impossible d'avoir plus d'esprit, plus de gentillesse. Elle

C

cause, en vérité, oui, elle cause déjà comme une grande personne. Oh! elle tiendra conversation avec vous. A la maison, il n'y a pas de raisons qu'elle ne fasse. Elle questionne, elle s'informe de tout, et elle a déjà la mémoire la plus heureuse. C'est un vrai bijou, et qui ne manque de rien, allez; car elle est adorée de tout le monde. Oh! je suis sûre que si quelque grande dame voulait l'adopter, nous l'enlever, comme tous les jours on nous demande des enfans, nos supérieurs se résoudraient difficilement à en faire le sacrifice. — Que dites-vous? Quoi! l'on peut chez vous... — Oui, madame, cela se voit communément. Des personnes aisées, qui n'ont point d'enfans, viennent aux Enfans-Trouvés, où on leur en confie, quand on sait qu'ils seront bien; mais pour Jeannette, je ne pense pas qu'il faille se donner la peine de la demander. — Eh bien, ma sœur, c'est justement Jeannette que je désirerais. Dis donc, mon ami, monsieur d'Eranville, écoute-moi donc? As-tu entendu ce que vient de dire la sœur? Des époux qui n'ont point d'enfans peuvent tromper la nature en en prenant un aux Enfans-Trouvés! — Je le savais, Rosalie. — Et tu ne me l'as pas dit plutôt? Regarde donc, mais regarde donc Jeannette! Tu l'embrasse encore; c'est me dire assez qu'elle te plaît. O mon ami! donne-la moi; fais-moi ce présent flatteur? Tiens, je ne regretterai plus, je ne demanderai plus au ciel un enfant : dès ce moment, je me croirai mère, et j'en remplirai les devoirs.

D'Eranville, frappé de ce désir subit, sent confusément tous les avantages qui en résulteront pour lui s'il y cède. Il aime aussi les enfans; et celui-ci, qui jasait avec lui, pendant que son épouse interrogeait la sœur, vient de capter son cœur, toutes ses affections. Oui, mon amie, répond-il à son épouse; oui, j'y consens: élève Jeannette, élève-la comme ta fille, comme la mienne : si tu es bonne mère, je serai père tendre à mon tour, et nous ferons le bonheur de cet enfant.

O cher époux ! s'écrie madame d'Eranville en sautant au cou de son mari ! Briceval, témoin de cette scène, verse quelques larmes d'attendrissement, et la sœur murmure tout bas en voyant qu'on projette de lui enlever son plus aimable enfant. Madame d'Eranville reprend Jeannette dans ses bras : Ma petite, lui dit-elle, serais-tu bien aise si je devenais ta maman ? — L'enfant, embarrassé, baisse les yeux. — Réponds-moi donc, mon ange ? continue Rosalie. — L'enfant balbutie ces mots : Madame, si vous le voulez, je serai toujours bien bonne, bien obéissante !... — Oh, qu'est-ce qu'elle a dit là ! s'écrie la sœur. Par exemple, il faut que madame lui plaise bien, pour qu'elle consente si vîte à une pareille proposition ! Voilà la première fois qu'elle s'exprime ainsi ;

car, à toutes les dames, qui lui ont déjà fait la même question, elle a toujours répondu : Non ; je ne veux être que l'enfant du bon Dieu et de mes bonnes mères.

Et les baisers de nos amis de s'imprimer de nouveau sur les joues vermeilles de Jeannette. La sœur continue : Mais, madame, je doute que vous l'obteniez aisément de nos supérieurs, à moins que madame ne soit une bien grande dame, et d'une richesse !... — O ma sœur ! répond Rosalie, sur cela, je ne laisserai rien à désirer, je l'espère ; mais j'entends qu'on me la donne, là, entièrement, sans que votre maison puisse avoir jamais aucun droit sur elle. — Jamais, interrompt Briceval ; c'est l'usage, quand les gens sont connus. Elle sera à vous, sans que père, mère, supérieurs quelconques aient jamais le droit de la réclamer ! — Quel bonheur, mon ami ! s'écrie madame d'Eranville, je vais avoir un enfant !... Au bout de douze ans de mariage, je crois que nous devons renoncer à l'espoir de donner le jour à un être de notre nom : eh bien, tu seras père, je serai mère, d'Eranville, et nous ferons un heureux !... Mais je suis pressée, mon ami : ce n'est pas demain, ni un autre jour, que je veux avoir cet enfant, il faut que ce soit tout-à-l'heure, que je l'emporte sur-le-champ dans ma voiture.

Briceval sourit ; la sœur fait des difficultés ; mais Briceval les lève : il connaît les usages de Paris ; il se fait conduire sur-le-champ à l'administration de l'hospice des Enfans-Trouvés : là, d'Eranville se fait connaître, donne des preuves de son état, de sa fortune, et l'enfant lui est accordé par les administrateurs, au grand regret des sœurs, qui versent toutes des larmes en voyant partir *leur chère enfant*, ainsi qu'elles l'appellent. D'Eranville signe la cession qu'on lui en fait : on lui remet les papiers nécessaires, et sur-tout celui qu'on a trouvé autrefois près de l'enfant abandonné ; et nos amis partent avec Jeannette, mais accompagnés de la sœur gardienne, qui demande en grâce à voir l'asyle que va occuper dorénavant *son bijou*.

Tout le monde pleure de joie et d'attendrissement : l'enfant seul paraît calme, tranquille, froid même au milieu des effusions générales. Les sœurs sont tentées de l'accuser d'ingratitude ; mais, en lisant dans ses yeux, on remarque plutôt une espèce de pressentiment qui, dès cet âge tendre, lui annonce déjà le bonheur que ce changement d'état doit lui procurer un jour.

Jeannette a embrassé tous ses bons amis, jusqu'à ses plus petits camarades ; et bientôt ses nouveaux bienfaiteurs la reportent dans l'église Notre-Dame. Là, sur les marches de la chapelle de la Vierge, Rosalie, l'élevant dans ses bras vers le ciel, s'écrie :

« Etre éternel, toi qui, jusqu'à

» présent, m'a refusé la douceur de
» la maternité, pardonne-moi, si
» j'ose me soustraire à tes decrets im-
» muables, en adoptant cet enfant
» du malheur, cette victime de la
» brutalité des hommes! Je te la
» voue, ô Vierge sainte, jusqu'à
» l'âge de sept ans! veille avec moi
» sur cette innocente créature, et
» que ta bonté la conserve pour le
» bonheur que je lui prépare, pour
» la fortune que ta bienfaisance m'a
» donnée, et que je dois lui laisser
» un jour! que je me croie mère, ô
» mon Dieu, en élevant cette ai-
» mable enfant, et que sa tendresse
» reconnaissante me dédommage
» des soins que j'aurai pris de sa
» jeunesse abandonnée! »

Sans doute que madame d'Eranville ajouta tout bas quelque oraison dominicale, ou autre : car elle marmotta assez long-temps entre ses dents, et M. d'Eranville ne put s'empêcher de sourire, ainsi que son ami, tant de sa prière mentale, que de celle dans laquelle elle venait de vouer Jeannette à la bonne Vierge; c'est-à-dire, aux vêtemens blancs, jusqu'à l'âge de sept ans. Au surplus, cette occupation généreuse allait faire une diversion utile aux pratiques oisives de superstition auxquelles Rosalie, n'ayant rien de mieux à faire, s'était livrée jusque-là. D'Eranville le désirait, et l'on verra par la suite que son espoir ne fut point déçu.

Madame d'Eranville, ayant fini toutes ses prières, remonta dans sa voiture avec son époux, Briceval et la sœur Emilie. Rosalie mit l'enfant sur ses genoux, et elle se livra sans contrainte aux transports de sa joie, en voyant en son pouvoir une aussi aimable créature.

Arrivés à l'hôtel, nos amis introduisirent la sœur Emilie dans un salon superbe; et cette bonne fille n'eut pas assez de ses yeux pour examiner les beautés qu'il renfermait. Victoire fut soudain chargée d'aller acheter des petits vêtemens tout faits à la taille de Jeannette, en attendant qu'on lui en fît faire exprès pour elle: pendant l'absence de Victoire, les deux époux et leur ami s'amusèrent à faire causer l'enfant; et la sœur Emilie, extasiée de l'air de grandeur de cette maison, ne put que s'écrier de moment en moment: Pauvre Jeannette!... quel bonheur pour elle! là, regardez.... sera-t-elle assez heureuse? Ce matin, je ne voulais pas l'emmener à Notre-Dame; il semblait que j'avais un pressentiment qu'on me l'enleverait!... Oui, mais c'est pour son bien!.... Oh! comme elle sera riche! pourvu qu'elle n'oublie pas sa bonne Emilie, qui l'a tant soignée, tant aimée!.....

Jamais, jamais, lui répondit Rosalie; non, ma sœur, j'espère qu'elle ne vous oubliera jamais; vous viendrez la voir souvent, n'est-ce pas? — Tant que madame voudra bien me le permettre. — Vous dînerez avec elle? — Madame est bien bonne. — Vous la verrez grandir, s'élever. —

C'est bien honnête à madame. — Et vous pourrez rendre compte à la maison des soins qu'on aura pour elle. — O madame ! ce n'est pas pour cela; la maison n'a aucun compte à demander à madame ni à moi. Je la verrai par amitié, et seulement pour présenter mon respect à madame, si madame le permet. — Tant qu'il vous plaira, ma sœur : on vous verra toujours ici avec plaisir.

Et tout le monde recommençait à baiser, à caresser Jeannette, qui, gaie au milieu d'une timidité bien naturelle à son âge, ne paraissait pas du tout gênée, ni étonnée du changement de sa situation. Au contraire, elle faisait des petits contes; elle riait, caressait tour-à-tour Rosalie, la sœur Emilie et M. d'Eranville. Pour Briceval, il semblait qu'il lui fît peur quand il s'approchait d'elle. Il avait une de ces physionomies sérieuses, qui glacent les enfans au premier coup-d'œil et qui les empêchent de se livrer à l'expansion de leur âge.

Briceval s'aperçut de l'espèce de froid que lui marquait la fille adoptive de ses amis, et bien loin de s'en formaliser, il en sourit. Voilà, dit-il, l'effet des papas sur les jeunes personnes ; mais patience, si je ne lui plais pas, j'espère qu'elle aura plus d'amitié pour mon fils ; un enfant de six ans, et une petite fille de quatre, cela n'est pas long-temps à faire connaissance !

Victoire revint sur ces entrefaites, chargée de petits ajustemens de toutes les façons. La bonne Victoire qui aimait les enfans, aida sa maîtresse à dépouiller Jeannette de sa robe noire, de son toquet, de son tablier et de ses manches blanches. On lui mit une petite robe de linon, qui parut beaucoup la flatter ; puis on rendit sa lugubre défroque à la sœur Emilie, qui se retira, non sans avoir accepté un léger cadeau de la part de Rosalie, qui lui fit renouveler sa promesse de venir de temps en temps voir *son bijou*.

La soirée se termina gaiement ;

et Victoire fut chargée de coucher l'enfant dans sa chambre, près d'elle, et de bien veiller à ce qu'il ne lui arivât rien pendant la nuit.

## CHAPITRE IV.

### *Le petit cœur de Jeannette.*

Le lendemain matin, Rosalie, éveillée de bonne heure, demanda son enfant. Victoire, qu'elle avait sonnée, s'approcha de son lit, et lui dit tout bas : Je l'ai déjà habillée ; charmante, madame ! tenez, regardez-la ; elle est dans votre chambre ; la voyez-vous ? — Où donc ? — Là, devant votre grande glace de hauteur.

Rosalie regarde, et aperçoit la petite coquette qui se mire, se pavane, se retourne, admire sa belle robe à queue, sa ceinture, et se donne enfin tous les airs d'une petite maîtresse. Rosalie ne peut retenir un long éclat de rire. L'enfant, qui la croyait encore endormie, s'aperçoit qu'elle est éveillée, et court à son lit en s'écriant : Maman ! — Tu m'appelles ta maman, Jeannette ? Oh ! tu as raison, tu as bien raison ; je la suis, je veux l'être toujours : mais regarde donc, Victoire, elle veut monter sur ce lit ; donne-la moi, donne-la moi donc, elle va se tuer ! Ah, mon Dieu, elle est par terre ! — Non, madame, non, la voilà dans mes bras, la voilà dans les vôtres ! — Aimable enfant ! comme elle me caresse ! Tu m'aimes donc bien déjà ? Pourquoi m'aimes-tu tant que cela ? Est-ce parce que je t'ai donné une belle robe, un beau bonnet ? Parle ? — Non, madame... c'est parce que vous avez la figure bonne. — Bon ! Victoire, entends-tu ? j'ai la figure bonne ! — Oui, et puis parce que vous m'embrassez ; enfin, parce que vous êtes ma petite maman ! — Chère enfant !

D'Éranville entra, et fut à son tour l'objet des caresses de Jeannette. On la laissa libre ensuite de courir, de jouer dans le jardin, toujours sous la surveillance de Victoire.

Jeannette avait un petit caractère décidé, qui était ennemi de la gêne et de la timidité, quand elle connaissait bien son monde. A midi, elle vint demander à déjeûner. A déjeûner, répond Victoire! Et voilà deux fois ce matin que je t'en ai donné. — C'est vrai, ma bonne, mais je ne l'ai pas mangé; je l'ai donné au gros chien qui est là-bas. Il avait apparemment plus faim que moi, car il voulait me prendre mon pain; et moi, il faudrait que j'eusse bien appétit pour prendre quelque chose.

Victoire sourit, lui donna de nouveau à déjeûner, la gronda un peu, en lui remontrant que le chien avait tout ce qu'il lui fallait, et qu'elle ne lui donnerait plus rien, si elle laissait manger son déjeûner par Pataud.

Pendant plusieurs jours on remarqua que Jeannette mangeait d'une manière gloutonne à dîner : on la suivit, et l'on s'aperçut que cette bonne enfant était toujours à jeun. Tous les matins elle continuait de donner son déjeûner à Pataud, et elle n'osait le dire, dans la crainte d'être grondée ; mais elle souffrait, disait-elle, de voir comme ce bon chien dévorait son pain, et en aurait dévoré bien d'autre, si on le lui eût donné. On admira la bonté de son cœur, et Victoire prit le parti de la faire déjeûner devant elle.

Une autre fois, elle rentra du jardin toute effrayée, et l'on s'aperçut que ses vêtemens étaient tachés de sang. L'effroi fut général: on la questionna, et l'on apprit, dans son petit jargon, que Pataud, déchaîné, avait voulu croquer une poule. Jeannette s'était approchée aux cris de la pauvre bête ; son aspect avait fait fuir Pataud, et la sensible Jeannette avait déchiré son mouchoir pour bander les blessures de la poule blessée, à qui sans doute elle avait fait plus de mal que de bien.

La sœur Emilie vint la voir au bout de huit jours de son adoption : l'enfant pleura de joie en la voyant, et cette bonne fille la pressa contre son cœur. Madame d'Eranville fit beaucoup d'accueil à la sœur, qui parla de se retirer, aussitôt après le déjeûner. L'enfant voulut absolument la reconduire seule; on ne pouvait deviner son motif : Jeannette en avait un; c'était pour lui remettre une grande quantité de sucreries, de friandises qu'elle avait amassées, dont elle s'était privée à chaque repas. Tiens, sœur, lui dit-elle, tu donneras tout ça à mes petits camarades, à Jacques, à Louis, à Julienne, et tu les embrasseras en leur disant que c'est de la part de leur ancienne petite amie, qui est bien heureuse, mais qui pense toujours à eux.

Voyez, mon ami, dit madame d'Eranville à son mari, en lui apprenant ce trait, voyez la précaution, la frugalité d'un enfant de quatre ans; quel excellent petit cœur! Je suis bien trompée si cette petite fille manque jamais de reconnaisssance envers nous. — Elle est on ne peut pas plus intéressante, répondit M. d'Eranville, et ce fut un jour bien heureux pour elle et pour nous que celui qui l'offrit à nos regards; c'est notre enfant, Rosalie, et tout me prouve qu'elle en aura les sentimens.

On lui avait donné, pour jouer avec elle, les deux petits enfans de Victoire, qui étaient à-peu-près du même âge qu'elle; mais l'enfant qu'elle aimait le mieux, qu'elle demandait sans cesse, avec qui elle ne s'ennuyait jamais, c'était le petit Briceval, fils de l'ami de la maison. Ce jeune garçon avait six ans; et il était déjà plein de sens et de raison, ce qui s'accordait parfaitement avec le caractère de Jeannette, dont l'esprit, ainsi que je l'ai déjà dit, avait devancé l'âge. Le petit Briceval venait tous les jours jouer avec Jeannette, et c'était à qui se ferait des cadeaux mutuels: jamais de cris, de pleurs, de brouilleries;

toujours bons amis, toujours complaisans, ces deux aimables enfans semblaient le disputer aux grandes personnes en procédés, en délicatesse. Tout était commun entr'eux, et le petit garçon sur-tout se faisait un bonheur de laisser à Jeannette, chez elle, tous les joujoux dont elle paraissait avoir envie.

M. et madame d'Eranville, ainsi que leur ami Briceval, voyaient avec une vive satisfaction cette intelligence précoce, ses affections mutuelles, et ces enfans faisaient le bonheur des deux maisons où ils se réunissaient alternativement.

Rien ne manquait plus à la félicité de Rosalie. Livrée toute entière à l'éducation de Jeannette, qu'elle adorait comme sa propre fille, elle se croyait mère, et en remplissait les devoirs. Son excès de dévotion paraissait s'affaiblir de jour en jour, et ce changement faisait le plus grand plaisir à son époux. Pour amuser l'enfant, on sortait, on allait à la campagne, au spectacle, et l'ennui ne couvrait plus de son voile sombre la maison d'Eranville : les jeux, les plaisirs y étaient réunis ; c'était un intérieur aussi gai maintenant qu'il avait été triste autrefois. Ainsi l'enfance anime tout ; ainsi le tableau de l'innocence égaie l'été de la vie.

Une circonstance imprévue vint cependant jeter une teinte de tristesse sur ces images riantes du bonheur et de la paix. Briceval, qui paraissait consumé toujours d'un noir chagrin, dont personne ne savait la cause, vint un jour, l'œil humide de pleurs, annoncer à ses amis qu'il allait partir, les quitter peut-être sans espoir de jamais les revoir. Rosalie, son époux, frappés de ce brusque départ, lui en demandent le motif. Briceval soupire. Il ne peut, dit-il, révéler ses malheurs à qui que ce soit ; ils sont affreux, et de nature à être renfermés pour jamais dans son cœur. Il quitte Paris enfin ; il part, et il est forcé de partir s'il veut conserver son honneur, sa réputation, sa vie même et celle de son fils. Son fils ! il l'emmène avec lui ! Quelle privation pour Jeannette, qui, depuis un an s'était attachée beaucoup à *son petit mari*, ainsi qu'elle l'appelait ! Briceval s'arrache avec peine des bras de ses amis, qui respectent trop ses secrets pour vouloir les lui dérober. Briceval promet d'écrire très-souvent ; mais il ne dit ni où il va, ni ce qu'il va faire. Il a vendu sa maison, toutes ses propriétés de Paris, sans en prévenir qui que ce soit : il monte en voiture avec son fils, et il s'éloigne en versant des larmes de regret et de sensibilité.

Quelle séparation douloureuse pour les bienfaiteurs de Jeannette ! Jeannette elle-même entend dire qu'elle ne verra plus de long-temps *son petit mari*. Elle pleure, elle crie, et sa douleur augmente encore celle de ses protecteurs, qui rentrent dans leur salon, tristes, pensifs, et aussi isolés que si un vide affreux s'était formé tout à coup autour d'eux. Ils ne reverront plus leur ami Briceval, dont l'esprit, le cœur et la raison étaient si bien d'accord avec leurs caractères ! Cet ami précieux leur a toujours témoigné la plus grande confiance, et il a des secrets pour eux ! et ses secrets sont d'une nature à compromettre son honneur, sa vie même ! Qu'a-t-il donc éprouvé de la part des hommes, cet homme si estimable ! Quels sont donc les barbares qui l'ont persécuté, qui le persécutent encore !.... Mais tirons, pour un moment, le voile sur ce mystère, que nous éclaircirons peut-être un jour, et revenons à nos héros, à leur aimable fille adoptive.

Jeannette fut long-temps inconsolable de l'absence du jeune Briceval : elle devint triste, sombre, et, dès ce moment, on remarqua qu'elle quitta les joujoux, tout ce qui plaît tant aux enfans de son âge : et, comme si la raison lui faisait sentir déjà l'utilité des sciences, elle se livra à l'étude de la lecture, de l'écriture, de la danse même et du piano, que Rosalie, qui en jouait très-bien, se mit à lui enseigner. A peine ses petits doigts pouvaient-ils rencontrer les touches; cependant elle apprenait avec goût et facilité. A cinq ans et demi, c'était une petite poupée dont chacun s'amusait, que ses bienfaiteurs montraient à tout le monde avec ivresse, avec une espèce d'orgueil. En société, dont elle faisait le charme, on la faisait tour à tour lire, chanter, danser, jouer au piano deux airs simples, mais avec la basse : en un mot, elle était le digne objet de tous les éloges et de toute l'affection de ses bienfaiteurs. Hélas! pauvre Jeannette, ce tableau va changer un peu, et, si jeune encore, tu vas éprouver l'effet du caprice des hommes et de la destinée.

---

## CHAPITRE V.

*Exemple consolant pour bien des Epoux.*

Six mois après le départ de Briceval, d'Eranville revenant un soir d'une maison de campagne, qu'il avait achetée aux environs de Paris, fut tout étonné de voir son épouse lui sauter au cou avec des effusions plus vives qu'à l'ordinaire. Qu'as-tu, Rosalie? lui dit-il; d'où peut venir l'excès de ta joie? As-tu reçu quelque nouvelle de notre ami, qui n'écrit point malgré sa promesse? sans doute tu as quelque chose d'heureux à m'annoncer? Oh, oui, d'heureux, mon ami, des plus heureux! Regarde un peu la bizarrerie des événemens! qui l'aurait dit? qui le croirait? — Parle, ma Rosalie? S'il faut l'avouer, ta joie paraît tenir un peu du délire. — Eh! qui n'en éprouverait pas un grand,

grand, un bien véritable en cet heureux moment?... Au bout de quatorze ans tout-à-l'heure de l'hymen le plus fortuné, nous désespérions d'en obtenir un gage, eh bien, mon ami, il ne faut jamais jurer de rien! — Qu'entends-je? tu serais enceinte? — Eh oui, mon ami, voilà le mystère; je suis enceinte, oh! de plus de trois mois, j'en suis certaine. Je vais être mère, d'Eranville! tu seras père! conçois-tu tout l'excès de notre félicité? — O ma Rosalie! combien tu vas me devenir plus précieuse encore! Le voilà donc ce bien inestimable après lequel nous avons tant soupiré! et c'est après quatorze années!... Que la nature est bizarre, et combien nous lui devons de reconnaissance!.... Mais cet enfant adopté, cette petite Jeannette!... Si nous avions pu prévoir!... — Quoi, mon ami! cette petite Jeannette, eh bien, nous la garderons; n'est-elle pas assez intéressante pour partager notre tendresse avec notre

D

enfant? D'Eranville, il y aurait de l'inhumanité à rendre cette petite malheureuse, à diminuer quelque chose de nos bontés pour elle. Il faut qu'elle soit élevée comme notre enfant.... A la bonne heure; elle n'héritera pas de nos biens; mais nous lui en laisserons une part, n'est-ce pas? Nous la marierons, nous la doterons, nous n'oublierons jamais que c'est peut-être le bienfait de son adoption qui nous a mérité cette faveur du ciel: oui, j'ai dans l'idée que Dieu a voulu nous récompenser de ce que nous avons fait pour une pauvre orpheline!

D'Eranville sourit, et répondit à sa femme: Si Dieu a voulu nous récompenser, ma bonne amie, il n'a pas entendu les intérêts de sa petite protégée; car une fois père, qui sait si notre tendresse, notre bienveillance ne diminueront pas pour cette pauvre enfant? — Que dis-tu, d'Eranville? Peux-tu penser que mon cœur.... Ah! réponds du mien

comme je puis répondre du tien !...
Jeannette sera heureuse, et cet événement n'influera que très-peu sur sa situation ici..... Mais laissons toutes ces idées qui appartiennent à l'avenir, et ne pensons qu'au bonheur qui nous arrive. Je vais être mère, ô mon ami !.... D'abord, je le nourrirai; sois sûr qu'il ne me quittera pas, cet enfant tardif, mais bien précieux. Si ce pouvait être un garçon, Jeannette se ressentirait moins de sa naissance, et nous croirions avoir deux enfans, garçon et fille !... Ce sera un garçon, mon ami; j'en ai l'heureux pressentiment. — Quel qu'il soit, il nous sera bien cher, n'est-ce pas, ma Rosalie ? — Oh oui, oui, mon cher d'Eranville !....

Dès ce moment, Rosalie se regarda comme la plus heureuse des femmes. Ses traits, toute sa personne prirent un air de satisfaction qui raffermit sa santé un peu chancelante, et elle s'occupa avec activité du soin de la

plus belle, de la plus riche layette. Pauvre Jeannette ! tu commences déjà à t'appercevoir du changement que ton sort va éprouver. Presque plus de leçons de piano, moins de fêtes, d'éloges, moins de caresses ! des remontrances, des *grondes* mêmes assez fréquentes, et en général on s'occupe moins de toi. Pauvre Jeannette ! sans deviner ce que tout cela veut dire, tu soupires quelquefois, et ta sensibilité te fait souvent verser des larmes, les premières que tes bienfaiteurs aient arraché de tes yeux ! mais soumise, docile, reconnaissante, tu ne te plains à personne, pas même à la sœur Emilie, qui vient de temps en temps te demander si tu es bien heureuse, bien contente ! — Toujours, réponds-tu, et ton petit cœur se serre, et tu cours embrasser ta mère adoptive, qui te chérit encore, mais qui, peut-être, bientôt......
Poursuivons.

Au terme de sa grossesse, madame

d'Eranville, que son époux, par excès de tendresse, avait presque rendue esclave, dans la crainte qu'il lui arrivât quelqu'accident, mit au monde, non un garçon comme elle l'espérait, mais une jolie petite fille, qu'on nomma Cécile d'Eranville. Je ne décrirai point les fêtes qui eurent lieu, ni les transports de joie du père, de la mère; il me suffira de dire que Jeannette fut écartée de ces plaisirs, et qu'à peine on pensa à elle. Elle avait alors six ans, et déjà elle était en état de réfléchir; mais trop bonne pour se plaindre, trop reconnaissante pour s'appercevoir même de la froideur qu'on lui témoignait, elle se réjouit, avec tout le monde, d'un événement qui faisait le bonheur de ses bienfaiteurs. La sœur Emilie, qui vint la voir dans ce moment-là, sentit le tort que la naissance de Cécile allait faire à *son bijou*, et elle se retira en secouant la tête.

Je passerai rapidement sur les premières années de Cécile : sa mère la nourrit, et l'on sent que cette occupation, ainsi que le juste sentiment de la tendresse maternelle, détachèrent insensiblement madame d'Eranville de Jeannette. Non seulement ses premiers talens furent négligés, mais elle devint même la petite servante de Cécile, qu'elle fut obligée de garder, de soigner, de mener promener, de faire jouer, etc. Adieu les belles robes, les belles ceintures, les beaux bonnets! Jeannette, mise simplement comme Victoire, ne dansait plus, ne chantait plus, avait oublié ses deux airs de piano, et se rendait utile dans la maison, où elle aidait même les domestiques. Elle avait douze ans; Cécile en comptait six, et c'était Cécile qui était devenue à son tour le bijou, le joujou, la poupée de la maison. On la faisait chanter, danser ; et Jeannette, pendant ce temps, était occupée à des ouvrages d'aiguille pour parer l'enfant de la maison.

Le caractère de Jeannette était néanmoins toujours le même. Bonne, sensible, spirituelle, complaisante et douce, elle charmait tout le monde par les grâces de sa figure et les qualités de son cœur. D'Eranville savait bien l'apprécier : il l'aimait toujours ; mais Rosalie était mère : rien n'était beau, rien n'était parfait comme son enfant ; et, à ses yeux, la comparaison entre Cécile et Jeannette était toujours au désavantage de cette dernière. Madame d'Eranville était fâchée avec cela de voir dans sa maison une autre fille qui attirait les regards, les éloges, qui les enlevait à sa fille, et dont la charmante figure nuisait aux grâces qu'elle trouvait dans celle de Cécile. Madame d'Eranville aimait cependant encore Jeannette ; elle était toujours bonne et généreuse ; mais elle était femme, faible et mère !...

Pour la petite Cécile, à six ans il était difficile de juger son caractère. Elle était très-jolie, et elle annonçait de l'esprit, ainsi qu'un bon cœur. Cécile ne pouvait se passer de Jeannette : il n'y avait que Jeannette qui pût la faire jouer, l'amuser ; et Jeannette, qui sentait que ce soin la rendait nécessaire, prodiguait à l'enfant mille caresses dont la mère lui savait intérieurement beaucoup de gré ; ainsi agissait Jeannette, qui n'était plus l'enfant chéri ; elle n'était que la première femme de chambre de la jeune Cécile. Jeannette sentait sa position ; mais comme elle savait, par la sœur Emilie, qu'elle n'était qu'une pauvre fille prise aux Enfans-Trouvés, elle trouvait son sort très-heureux, et bien au-dessus de ce que la fatalité de sa naissance lui réservait. Ainsi, à mesure qu'elle croissait en vertu, en reconnaissance pour ses bienfaiteurs, madame d'Eranville sentait diminuer de jour en jour sa tendresse et sa bienfaisance pour elle. Cécile avait toutes ses affections, et il faut convenir qu'elle en était digne ; car Cécile avait des dispositions tout, et les talens, comme les dons du cœur et de l'esprit, se développaient de jour en jour chez cette intéressante créature.

Cécile avait dix ans, et Jeannette seize, lorsque madame d'Eranville, qui désirait que sa fille brillât uniquement chez elle, forma le projet d'en éloigner Jeannette. Rosalie ne craignait que l'attachement que son mari avait pour cette aimable personne; mais comme il était habitué à faire ce qu'elle voulait, elle ne douta pas de réussir encore dans cette occasion. Mon ami, dit-elle à d'Eranville, voilà Jeannette bien grande et bien adroite; cette jeune fille fait tout ce qu'elle veut de ses doigts: j'ai pensé qu'elle nous serait plus utile à la campagne qu'ici. Tu sais que notre maison de Bagneux est sens dessus dessous depuis long-temps que nous n'y sommes allés: il faut que Jeannette nous l'arrange pour cet été. Mon projet est d'y mener ma fille vers le mois de mai; et, en vérité, si l'on n'y envoyait pas quelqu'un d'avance, nous ne saurions où y mettre les pieds. J'ai acheté des tentures, des lits : Jeannette est en état de nous arranger tout cela là-bas. Qu'en dis-tu ?

D'Eranvillé la regarda un moment ; puis il lui dit : Te rappelles-tu, ma Rosalie, qu'à l'époque de ta grossesse, je te fis entrevoir qu'un jour tu te détacherais de la pauvre Jeannette ? *Oh ! réponds de mon cœur comme je réponds du tien*, me dis-tu. Jamais Jeannette ne devait nous quitter ! Eh bien, aujourd'hui, qu'as-tu à répondre à cela ? — C'est-à-dire, mon ami, que tu prétendais que j'élevasse Jeannette dans la grandeur, dans le luxe, dans l'oisiveté ? Tu voulais que j'en fisse une demoiselle ? En vérité, à quoi servirait-il d'être mère, si l'on ne mettait une nuance entre sa fille et l'enfant d'un étranger ? Jeannette n'a pas de biens ; elle n'attend rien que de nos bontés ; il fallait l'accoutumer au travail, à une honnête aisance ; c'est ce que j'ai fait : je ne crois pas avoir manqué envers elle aux lois de la délicatesse, de la générosité. — Non ; mais tu la chasses aujourd'hui. — Est-ce la chasser, que l'envoyer passer quelque temps à la campagne, à une campagne où nous irons la retrouver dans deux mois ? — Ce projet tiendra-t-il ? — Certainement, mon ami : je veux que ma fille, qui est très-délicate, passe quelque temps à la campagne ; cela raffermira sa santé qui nous est si chère à tous deux. Tu ne me réponds pas, d'Eranville ? Cela me fait de la peine, parce que je vois que tu me supposes injuste, froide, et peut-être jalouse des perfections de Jeannette ! Au surplus, si cela ne te plaît pas, dis-le moi : elle restera ici, à ne rien faire que se parer, se mirer du matin au soir ; car elle est coquette, la chère enfant ! N'en parlons plus, d'Eranville : c'est la première fois que tu t'opposes à ce qui me plaît ; n'en parlons plus.

Rosalie, déconcertée, allait se retirer; d'Eranville l'arrêta par la main. Ma Rosalie, lui dit-il, tu interprètes mal mes sentimens pour toi : je t'aime, je t'estime trop pour te taxer d'injustice, encore moins de jalousie ; ce vice bas et vil ne peut entrer dans ton cœur. Mais je ne m'aperçois que trop que tu n'aimes plus une enfant que tu as adoptée à la face du ciel, en lui jurant de ne jamais l'éloigner de toi. — Je suis mère, d'Eranville ! — Eh je le sais, et ne peux que t'en estimer davantage !... Va, ma chère femme, agis, dispose, ordonne ; mais sur-tout prends garde à ménager la délicatesse de Jeannette, et ne la réduis pas à la vile condition de la servitude ! Tu m'entends ? Et ton excellent cœur me répond de ta conduite en cette occasion.

D'Eranville se retira, et Rosalie fit venir Jeannette, à qui elle signifia, sans dureté, mais d'un ton froid, l'ordre de se rendre sur-le-champ à la maison de Bagueux. On attela

deux

deux chevaux à la voiture, qu'on chargea de toiles, de tentures : Jeannette s'y plaça, et partit, le cœur serré, non sans avoir embrassé sa petite Cécile, qu'elle chérissait, quoique cette enfant fût la cause de cette mortification.

## CHAPITRE VI.
### *Caractères communs.*

Le temps était brumeux, et le froid piquant, quoiqu'on fût sur la fin de mars. Toute la nature semblait se conformer à la douleur de la pauvre Jeannette. Ce n'était pas qu'elle connût l'envie, la jalousie, toutes ces passions basses qui n'entrent jamais dans une belle âme ; mais sa bienfaitrice qu'elle aimait tant, qu'elle avait nommée si long-temps sa mère, sa bonne mère ! madame d'Eranville n'était plus que sa supérieure : Jeannette devait la nommer *sa maîtresse*, et l'idée de la servitude était bien dure pour elle qui avait été élevée dans la grandeur, pour un autre état. Tout était changé pour Jeannette: elle sentait qu'elle n'était plus qu'une pauvre fille des Enfans-Trouvés, élevée par charité, et qui devait, par ses services, reconnaître les bontés qu'on avait pour elle. Elle n'accusait ni M. d'Eranville, ni Rosalie: elle n'accusait personne; mais elle était triste, et ne se plaisait plus qu'avec la sœur Emilie, à qui elle pouvait au moins confier ses plus secrètes pensées. La sœur Emilie n'était pas là près d'elle; il y avait toute apparence que cette bonne religieuse, qui sortait rarement, avec peine, et qui avait très-peu de temps à elle, trouvât celui d'aller à près de deux lieues pour visiter celle qu'elle appelait toujours *son bijou.*

Jeannette faisait toutes ces réflexions, seule dans la voiture, entourée d'étoffes diverses qu'elle devait employer en meubles, et sentant qu'elle n'était plus maintenant qu'une fille de service.

Elle arriva ainsi à Bagneux, où elle descendit dans la maison de campagne qui allait devenir son séjour. La femme du concierge était bavarde, envieuse et méchante à l'excès. Les subalternes remarquent aisément la dose de soins, d'égards qu'on a pour ceux qu'ils jalousent, et ils règlent toujours là-dessus leur conduite. Madame Dupré, c'était le nom de cette concierge, connaissait la naissance de Jeannette, et sur-tout elle avait distingué la froideur que madame d'Eranville lui témoignait depuis plusieurs années ; c'en était assez pour que la Dupré prît un ton avec elle. Ah, vous voilà, Jeannette ? dit-elle d'un petit air avantageux ; soyez la bien-venue. Vous allez demeurer ici, j'en suis charmée ; car j'ai besoin de quelqu'un qui m'aide, et madame m'a fait l'honneur de m'écrire que je pourrais disposer de vous en tout ce qui me plairait vous ordonner. Il y a de la besogne ici, mon enfant : dame, ce n'est pas comme à Paris, où vous n'aviez rien à faire du matin au soir qu'à vous parer, qu'à vous mirer : ici, nous n'avons pas le temps de tout cela; il faut prendre l'intérêt de nos maîtres, et quand on veut bien les servir, on trouve toujours de l'ouvrage. Ha, ha! c'est que madame me connaît bien pour être fidèle et laborieuse; elle ne m'aurait pas donné sa confiance sans cela.

Jeannette regarda cette femme, et n'eut pas la force de lui répondre, tant elle était indignée de ses expressions. La Dupré continua : Que savez-vous faire ? Pas grand'chose, n'est-ce pas? Je vous montrerai, moi; j'ai tout plein de petits talens qui pourront vous être utiles; et si vous êtes douce, docile, vous verrez que nous vivrons toujours comme deux bonnes amies. — Madame, je n'ai pas l'orgueil d'ambitionner le titre de votre amie.— Vous la deviendrez,

Jeannette; oui, ma petite, je sens que tu la deviendras... Dupré? (*elle appelle son mari*) tiens, reconnais-tu cette petite Jeannette que tu as vue si jeune à Paris? Il n'y va presque jamais, lui, mon ange : c'est toujours moi qui vas chez monsieur et madame, quand ils mandent quelqu'un d'ici. Mais regarde-la donc, Dupré? Elle est grandie, n'est-ce pas? Dame! ce n'est plus cette morveuse qui criait dans Notre-Dame : *Pauvres petits Enfans-Trouvés! nous prierons bien le bon Dieu pour vous!* Qu'elle était gentille alors!

Jeannette ne put s'empêcher d'ajouter en soupirant : Et heureuse! — Heureuse, s'écria la Dupré! Que te manque-t-il, mon enfant? Je crois en vérité que monsieur et madame ont beaucoup fait pour toi; mais ils sont comme cela, bons, oh, bons!... Ha ça, nous perdons le temps à babiller; il faut ranger tout cela. Dupré? eh, Dupré? viens donc nous aider.

Dupré s'avança: c'était une espèce de lourdaud qui ne savait rien dire d'obligeant, et qui se laissait mener par sa femme, qu'il regardait comme un grand génie. On débarrassa tous les objets qui étaient dans la voiture, et Picard, qui avait amené Jeannette, repartit pour Paris, après avoir souhaité une bonne santé à notre héroïne.

La Dupré qui faisait la maîtresse, et voulait, dès l'origine du séjour de Jeannette dans la maison, la maîtriser, pour l'empêcher de s'emparer de l'autorité qu'elle y exerçait, la Dupré lui assigna un petit logement très-étroit, dans une mansarde, et non loin des chambres des autres domestiques. Jeannette s'y confina dans l'après-midi; et là, seule, sans témoins, elle laissa échapper un torrent de larmes. O ma maîtresse! s'écria-t-elle dans son désespoir, ô femme estimable et adorée! il est donc trop vrai que j'ai perdu ton cœur, que tu m'as retiré tout-à-fait ta tendresse! Quels

sont mes torts ? Daigne me les re-
montrer. Je brûle de les expier à tes
pieds, quels qu'ils soient, ces torts
dont je ne puis me rendre raison !...
Rosalie ! bonne et sensible Rosalie !
avez-vous pu éloigner de vous un enfant que vous chérissiez tant autrefois ? Avez-vous pu la bannir, l'exposer aux duretés, aux insultes des
méchans ? Pauvre Jeannette ! voilà
l'effet de la fatalité qui a présidé à ma
naissance. Si j'avais des parens !....
Ah ! des parens valent toujours mieux
que des étrangers.... Mon père, ma
mère, où sont-ils, où se cachent-ils
dans le monde ? Qui me les décou-
vrira ? Qui me jetera dans leurs bras
paternels ?.. Fille de la débauche, de
l'indigence, ou peut-être d'un amour
malheureux, je dois tout à la com-
misération des hommes : oh, comme
ils vendent cher leurs bienfaits à des
cœurs délicats sur-tout !...... Elevée
chez madame d'Eranville, comme
un pauvre enfant trouvé, habituée à
des travaux serviles et rudes, je me

serais faite à ce sort rigoureux sans doute, mais propre à ma situation ! Non : on m'élève comme l'enfant de la maison ; on m'accable de caresses, on commence à me donner des talens ; puis, plus rien ! Plus de talens, plus de caresses, le froid de l'humiliante pitié.... Quel état !

Heureusement pour Jeannette, qui déjà jetait les yeux sur la simplicité de sa chambre et de son ameublement, sa croisée donnait sur la campagne, sur Paris même qu'on voyait au loin : elle se mit à sa fenêtre, et l'aspect de la nature, en nourrissant sa mélancolie, la rendit plus supportable. Elle aperçut dans le potager Joseph, le fils du jardinier, que sa mère embrassait pour quelque léger service qu'il venait de lui rendre. Heureux Joseph ! s'écria Jeannette, tu as une mère !... Et moi...

Elle se remit à pleurer jusqu'à ce que la voix de la Dupré, qui l'appela, la tira de sa rêverie : elle se hâta d'essuyer ses yeux rouges, et elle descendit trouver cette femme, qui n'était pas propre à la consoler, ni à lui plaire. Que faisais-tu donc là-haut? lui dit la Dupré, qui, comme on l'a déjà vu, se donnait les tons de la tutoyer. Tu dormais peut-être? Est-ce que tu crois que tu auras le temps de cela ici?...... Allons, allons, à l'ouvrage, mademoiselle, à l'ouvrage?

Jeannette, douce et timide, fit ce que cette femme lui prescrivit; et ce fut de cette manière qu'elle passa plusieurs années dans cette maison, sans y voir venir aucun de ses bienfaiteurs, malgré le beau projet qu'avait formé madame d'Eranville d'aller y passer l'été avec sa fille. Jeannette et la Dupré préparèrent en vain la maison pour y recevoir les maîtres: personne ne vint, et Jeannette n'eut pas même la douceur de les voir à Paris. La Dupré eut soin de l'empêcher d'y aller. C'était elle qui s'y rendait lorsqu'il y avait quelques commissions à faire; et monsieur, ainsi que madame d'Eranville, parurent oublier tout-à-fait

E 5

leur ancienne protégée. Pour le mari, il était moins coupable; car il lui était survenu des affaires majeures qui prenaient tout son temps; mais, en vérité, madame d'Eranville n'était pas excusable, quelque tendresse qu'elle eût pour sa fille, de négliger ainsi celle à qui elle avait promis le bonheur, et à la face du ciel encore, ce qui devenait un devoir pour une femme livrée, comme elle l'était, à la plus ridicule dévotion. Mais Rosalie était mère, et jalouse de Jeannette que tout le monde louait trop inconsidérément devant elle. Rosalie voulait que Cécile brillât seule; et l'absence de Jeannette satisfaisant sa vanité, elle n'était pas fâchée intérieurement de ce que la Dupré, qui entrait dans ses projets sans les connaître, vînt seule à Paris, et laissât, reléguée dans sa triste campagne, Jeannette qui d'ailleurs ne manquait de rien.

Rosalie élevait sa fille dans la grandeur la plus fastueuse, et ne s'attachait uniquement qu'à la culture de son esprit et de ses talens.

Cependant d'Eranville était occupé par un procès ruineux. Un frère, qu'il n'avait jamais connu, dont il ignorait même l'existence, ayant perdu fort jeune ses parens, était revenu des îles, et revendiquait la moitié de l'héritage de ses pères. Ses titres étaient en règle ; il plaida, gagna sa cause, et d'Eranville fut contraint à lui restituer la moitié de sa fortune, même l'héritage de l'oncle Durand, auquel ce frère avait autant de droit que lui. C'était là le commencement des malheurs de d'Eranville : on verra bientôt qu'il devait lui en arriver de plus grands.

## CHAPITRE VII.

*Joli avancement !*

D'Eranville, dont la fortune était diminuée de moitié, fut obligé de vendre sa maison de Bagneux. L'on croirait que Jeannette dût alors revenir à Paris; point du tout. Rosalie, qui s'était habituée à son absence, lui ordonna de se rendre sur-le-champ à une petite ferme qu'elle possédait, avec une habitation de plaisance, dans les environs de Meudon, sur les hauteurs de Sèvre. Jeannette obéit sans murmure ; et, sans passer même par Paris, elle se rendit à cette ferme, nommée la Bergerie, où elle trouva au moins, dans le fermier, sa femme et son fils, des gens plus honnêtes, plus doux que la Dupré et son mari. Jeannette était là pour avoir l'œil sur tout. Il fallait bien un prétexte pour l'y reléguer ; et cette espèce d'inspection lui donnant du poids sur le fermier, elle en reçut plus d'égards, et vécut plus heureuse pendant plusieurs années.

Cependant madame d'Eranville avait formé un projet pour ce qu'elle appelait l'avancement de Jeannette. Le fermier de la Bergerie était un homme âgé, sa femme était infirme; mais ils avaient un fils, nommé Richard, qui était un grand garçon plein de force et d'activité. Il avait vingt-cinq ans, Jeannette en avait vingt-deux. Madame d'Eranville songeait à les marier tous deux, et à donner une petite rente au père Richard, afin qu'il laissât sa ferme aux jeunes gens. Rosalie avait fait consentir son faible époux à cet arrangement. Le père Richard et sa femme regardaient ce mariage comme un bonheur pour eux. Leur fils le savait, et Jeannette était la seule qui ignorât tous ces beaux projets.

Elle remarquait bien que, depuis quelques mois, le jeune Richard était plus empressé, plus galant auprès d'elle; mais elle n'en devinait pas le motif. Un jour elle reçut une lettre qui la prévenait de se rendre à Paris, pour y dîner avec M. et M$^{me}$ d'Eranville. Dîner avec eux! C'était une faveur que Jeannette n'avait pas obtenue depuis bien long-temps. Jeannette, qui chérissait ses bienfaiteurs, sentit son cœur battre délicieusement. Elle se para de ses plus frais ajustemens, et au jour indiqué elle partit pour Paris. Jeannette, en entrant à l'hôtel d'Eranville, fut bien agréablement surprise, quand elle s'y vit recevoir par une jeune personne charmante, qui, loin de lui témoigner de la hauteur, lui sauta au cou en l'appelant sa bonne amie! C'était Cécile. Cécile était grande, formée, elle avait seize ans; et tous les charmes de cet âge, comme ceux de la beauté, étaient répandus sur son extérieur, qui était des plus séduisans. Eh quoi! lui dit Jeannette émue jusqu'aux larmes, mademoi-

selle a la bonté de me reconnaître ?
— Me crois-tu donc assez ingrate, ma bonne Jeannette, pour oublier l'amie de mon enfance, la compagne de mes jeux et de mes innocens plaisirs! Jamais, Jeannette, jamais je n'oublierai mon amie.

Et Cécile l'embrassa de nouveau. Une semblable effusion était un bonheur inouï pour la sensible Jeannette: sa reconnaissance fut si vive, qu'elle lui arracha des larmes, que la bonne Cécile s'empressa d'essuyer. Madame d'Eranville entra dans ce moment. Qu'est-ce que c'est donc, dit-elle étonnée, que ces yeux rouges que je vous vois à toutes deux ?
— Ah, maman! il y a si long-temps que je n'ai vu Jeannette!... — C'est de votre faute, ma fille, répondit madame d'Eranville un peu piquée: il fallait aller la voir à Bagneux, à la Bergerie : puisque vous l'aimez tant, il fallait aller y vivre avec elle.
— Maman, pardon; je ne pense pas t'avoir déplu en témoignant de

l'amitié à celle que dès mon enfance tu me prescrivis de chérir comme une seconde sœur. — Qui vous dit, mademoiselle, que vous m'avez déplu? Croyez-vous que je n'aime pas autant que vous cette bonne fille? Mais je ne pleure pas, moi, là, comme une imbécille.

Jeannette ne disait rien pendant cette petite scène : elle souffrait moins pour elle que pour l'expansive Cécile, à qui l'on faisait un reproche si dur devant elle. Jeannette n'en voulut point à sa bienfaitrice : elle se dit seulement au fond de son cœur : L'absence m'a-t-elle donné de nouveaux torts?

M. d'Eranville parut frappé, en revoyant Jeannette, des charmes que l'âge avait répandus sur toute sa personne ; il lui en fit même, tout haut, un compliment qui déplut beaucoup à son épouse. On dîna assez tristement : d'Eranville était soucieux ; et Rosalie, qui comptait la cinquantaine, était devenue froide, composée, ce qui n'échappa point à la sagacité de Jeannette. Au dessert, madame d'Eranville prit un ton sérieux qui annonçait bien la gravité et l'ennui du sujet qu'elle allait traiter. Jeannette, dit-elle à notre héroïne, si je vous ai mandée ici aujourd'hui, c'est pour vous faire part d'un projet que, monsieur et moi, nous avons formé pour votre bonheur, et qui, mieux que mes discours, prouvera à ma fille que nous vous aimons autant que qui que ce soit, et que nous avons su vous aimer avant elle. Ecoutez-moi?

Jeannette baise la main de sa bienfaitrice, et celle-ci continue : Vous vous rappelez, Jeannette, à quelle époque Dieu vous envoya vers nous, pauvre orpheline, et nous prescrivit le devoir de vous retirer de son temple pour vous élever avec tous les soins maternels? Vous n'aviez alors que quatre ans, Jeannette : nous étions privés de la douceur d'être pères, et votre adoption nous donna cette douce illusion jusqu'au moment où Dieu, touché sans doute de mes prières ferventes, m'accorda le bonheur de donner le jour à Cécile. Dès ce moment, je vous l'avouerai, dût-on m'en blâmer, toutes mes affections se tournèrent vers ce fruit tant désiré de l'hymen et de l'amour. Je l'aimai tant, qu'en vous laissant près d'elle une place dans mon cœur, c'est une véritable obligation que vous devez m'avoir..... Ne m'interrompez pas: Cécile devenant, de droit, notre héritière naturelle, je sentis que j'avais fait une faute en vous donnant le goût du luxe, de la parure, et surtout des talens qui n'appartiennent qu'au grand monde, et qui vous devenaient inutiles dans l'état que le ciel vous assignait désormais. Je revins sur mes pas, il en était encore temps, et je ne vous donnai plus que l'éducation nécessaire à une femme privée de naissance, de fortune, appelée seulement à un état d'ouvrier dans la société. J'ai réussi à faire de vous une personne très-intéressante, et telle que je le désirais dans l'état que je vous destinais. Diverses circonstances m'ont empêchée de vous établir plutôt; mais vous avez vingt-deux ans; c'est déjà trop pour une fille, c'est l'âge qu'il faut pour une bonne ménagère. Je vous marie donc, et je vous donne douze cents livres de dot. Vous voyez que je remplis mes engagemens envers le ciel et vous?

Jeannette rougit à cette proposition, et sentit ses forces l'abandonner. Ce n'était pas que Jeannette eût une passion dans le cœur : elle n'aimait personne d'amour; mais toujours triste, sombre, mélancolique, elle n'avait aucun goût pour le mariage. La solitude et la liberté, voilà ce qu'elle chérissait. Elle baissa donc les yeux, et ne répondit point.

Vous gardez le silence, Jeannette? lui dit madame d'Eranville étonnée. Vous ne me demandez pas quel est l'homme que j'ai choisi pour l'associer à votre sort ?.... — Quel qu'il soit, madame, balbutia Jeannette, je ne doute point que votre choix ne soit dicté par la prudence et la raison. — A coup sûr, il l'est, mon enfant. Tu connais le jeune Richard ?.... — Richard, madame ? Oui, mon enfant. C'est lui que je te donne : il est bien fait et très-aimable !... C'est un bon travailleur; cela n'a point de défauts; il t'aime, je le sais : son père se retire; je vous donne la gestion de ma ferme, et vous voilà heureux..... Hein ? tu ne dis mot ? Vous ne répondez point, Jeannette ? vous baissez les yeux, et je m'aperçois qu'une rougeur subite couvre votre front ! D'où vient cette rougeur, Jeannette ? De plaisir sans doute ? car je n'ose supposer qu'elle naisse de l'orgueil.... Je n'ai pas besoin de vous rappeler ce que vous fûtes, ce que vous êtes, et je crois que vous sentez aussi bien que moi, qu'il vous est impossible d'aspirer à un parti plus élevé que celui qu'on vous propose?....

Jeannette se lève : madame d'Eranville lui dit : Où allez-vous? — Me jeter à vos pieds, s'écrie la pauvre Jeannette en fondant en larmes et en s'y précipitant en effet. Oui, madame, je veux les arroser de mes pleurs, ces pieds que j'embrasse! Daignez croire, ô ma généreuse bienfaitrice, qu'il n'entre aucun motif de vanité dans le refus que j'ose faire de cette dernière preuve de votre tendresse pour moi! est-ce à une pauvre enfant-trouvée à calculer les rangs? à Dieu ne plaise que j'aie cet amour-propre! Richard est un honnête homme; il me fait trop d'honneur en me recherchant; mais le mariage est trop loin de ma pensée pour accepter sa main : laissez-moi, madame, vous consacrer mes jours, ma liberté, tout mon être! que je sois sans cesse près de vous, dévouée à vos moindres ordres, et mon sort sera trop heureux. —

Qu'est-ce que cela veut dire, Jeannette? aimeriez-vous quelqu'un? — Oui, madame, oui, j'aime, j'adore un être céleste, une créature angélique, qui a pris soin de mon enfance abandonnée, qui m'a retirée du gouffre de l'indigence, pour me recevoir dans ses bras maternels: voilà le seul être que j'aime, la seule personne à laquelle je consacre mon existence ; elle a tout mon cœur; jamais ce cœur ne battra pour un autre ! il est impossible d'y remplacer son image, ni d'y placer un autre à côté de cette image sacrée!...

En disant ces mots, Jeannette baignait les mains de Rosalie des larmes de la reconnaissance. Rosalie attendrie, et dont la bonté fondait le caractère, laissa échapper quelques pleurs, que d'Eranville et sa fille se hâtèrent d'essuyer. Rosalie, touchée de ce dévouement, sentit tous ses projets s'évanouir; elle ne put que dire, émue, à la sensible Jeannette : Relève-toi, ma fille, relève-toi, et réponds-moi avec franchise et sincérité : est-il bien vrai que l'amour ne te parle pour qui que ce soit? — Oh, pour personne, madame! — Est-il bien vrai que tu te sens pour l'hymen un éloignement… — Irrésistible. — Tu veux vivre toujours avec nous? — Toujours, oh, toujours!… — Embrasse-moi, mon enfant; je ne veux point forcer ton inclination : je suis fâchée de t'avoir fait de la peine ; je croyais, au contraire, te donner une marque de mon attachement : cela te contrarie, n'en parlons plus: Reste, Jeannette, reste à la ferme ; et, pour y adoucir tes ennuis, je veux te donner une compagne, que ton cœur sans doute ne refusera pas. C'est ma fille, c'est ma chère Cécile. — Que dites-vous, madame! quoi, j'aurais le bonheur!… O mon amie !

Jeannette dit ce mot en embrassant Cécile ; puis elle ajouta soudain : Pardon, madame, pardon de cette liberté que… — Appelle-la ton amie, s'écria madame d'Eranville, elle l'est; je veux qu'elle le soit toujours... N'approuves-tu pas, d'Eranville, ce projet pour notre tranquillité?... L'année 1788 t'a été funeste par la perte de ton procès. L'année 1789 qui finit, semble nous annoncer des événemens non moins fâcheux. Cette révolution qui vient de s'opérer dans toute la France, a mis Paris en combustion. Ce lieu n'est pas tranquille. J'ai dessein d'envoyer ma fille à la ferme de la Bergerie; moi-même j'irai y passer quelque temps avec elle; et si tu fais bien, mon ami, tu viendras t'y refugier toi-même, pour laisser passer les premiers mouvemens de l'effervescence populaire. — Ma chère, répondit d'Eranville, il ne serait ni juste, ni prudent que je quittasse Paris dans un moment où cette ville a besoin de tous ses habitans : j'y resterai, moi; mais j'approuve beaucoup ton projet, et j'y souscris de bon cœur. — Mon ami, si tu reste, je veillerai près de toi

toi je partagerai tes dangers, ou je tâcherai de les éloigner; mais pour Cécile, il ne serait pas mal....— Tu as raison; confions Cécile aux soins de Jeannette, qui, plus âgée qu'elle, a toute la raison en partage; et nous, voyons où les événemens nous conduirons!....

D'Eranville laissa échapper un soupir, comme s'il avait un pressentiment des malheurs qui l'attendaient. Son épouse et Cécile accablèrent d'amitiés la bonne Jeannette, qui, pour la première fois, depuis long-temps, retrouva les cœurs de ses bienfaiteurs, et toute la tendresse qu'il lui avait témoignée dans son enfance.

## CHAPITRE VIII.

*L'Amour au village.*

JEANNETTE passa la nuit dans la maison, et le lendemain matin elle repartit pour la ferme, comblée des

F

caresses et des bienfaits de Rosalie, qui l'aimait au fond, et l'estimait beaucoup. Madame d'Eranville voulut garder encore Cécile avec elle quelque temps. On était dans le mois de janvier, l'hiver était doux; mais Rosalie voulait laisser passer deux mois encore avant de confiner sa fille dans une campagne, séjour toujours triste dans cette saison. Pour Jeannette, amie du repos et de la solitude, elle ne fut pas fâchée de quitter la capitale. Dans ce moment de trouble, Paris n'était hérissé que de bataillons; tous les matins on était éveillé par le bruit du tambour, et tous les Parisiens ne rêvaient qu'uniformes, fusils et évolutions militaires. Jeannette retourna à la Bergerie dans l'espoir d'y retrouver la tranquillité. Le jeune Richard attendait son retour avec la plus vive impatience; il aimait Jeannette, et savait que c'était à son occasion que madame d'Eranville avait mandé cette jeune personne à Paris.

Jeannette sonne à la porte de la ferme; le père Richard vient ouvrir: Qu'est-ce, mon père? s'écrie le jeune homme qui est occupé, dans la ferme, à quelques travaux. — Pierre, répond le père, accours donc; viens donc vîte, c'est mademoiselle Jeannette qui revient de Paris. Eh bien, mademoiselle, qu'y dit-on? qu'y fait-on? y a-t-il toujours bien du bruit? y est-on réellement tranquille?

Les questions multipliées du père Richard sont interrompues par l'arrivée de son fils, qui vient aider Jeannette à transporter dans la maison quelques petits paquets dont sa voiture était garnie. Jeannette répond, en souriant au père, qu'elle n'entend rien aux affaires sur lesquelles il l'interroge, et elle suit le jeune Richard, qui, pâle et tremblant, va porter les effets dont il s'est chargé, jusqu'à l'appartement de Jeannette. Là, seul avec elle, il reste debout, les mains croisées sur son estomac, dans l'attitude silencieuse d'un homme qui attend une bonne ou une mauvaise nouvelle. Jeannette le regarde, voit son embarras, qui l'affecte, et elle se tait. Le jeune Richard rompt à la fin ce silence : Mademoiselle, lui dit-il, avec un ricanement forcé, comment se porte notre bonne maîtresse? — Très-bien, Richard. — Et... notre bon maître ? — Bien aussi. — Et... mademoiselle Cécile ? — Tout le monde jouit d'une bonne santé. — Ah ! (*silence*.) il n'y a donc que moi de malade ! — Vous, Richard ? Et qu'avez-vous ? — Vous pouvez le demander, mademoiselle Jeannette, quand vous me regardez d'un air froid et glacé qui me tue ! — Moi ! il me semble, Pierre, que je vous regarde comme à mon ordinaire. — Et voilà ce qui me fait de la peine. On ne vous a donc rien dit de moi, cruelle fille !... Je vois que vous vous taisez ? — Pardonnez-moi, Pierre, on m'a parlé de vous, on a dit que vous aviez la bonté de...

m'estimer. — Vraiment? On vous a dit que j'avais cette bonté-là? mais c'est la bonté de tout le monde, ça; tout le monde vous estime; et moi, je fais plus que tout le monde, je vous aime. — Vous m'aimez? Ah, Richard! pourquoi faut-il que votre affection se soit si mal placée. — Vous ne m'aimez donc pas? — Vous ne méritez pas d'être haï; mais.... — Eh bien, mademoiselle? — L'amour et l'hymen sont bien loin de mon cœur et de mes vœux. — Ainsi?.... — Tenez, Richard, lisez cette lettre que madame d'Eranville m'a remise pour vous. — Que va-t-elle m'apprendre?

Richard prend la lettre en tremblant; il la décachète, et la lit en s'interrompant de la manière suivante :

« Je t'avais promis, Richard, de
» parler pour toi à Jeannette.... »

Ah oui, elle me l'avait promis avec une bonté !.....

F 3

« Je l'ai fait, et lui ai proposé
» ta main, en l'assurant que tu
» l'aimais..... »

Que je l'adorais ! voilà ce qu'il fallait dire.

« Elle m'a écoutée avec attention. »

Avec attention ! ah ! bon, voyons.

« Elle m'a écoutée avec attention,
» et m'a remerciée en me témoi-
» gnant sa reconnaissance ; mais.. »

Ah ! voilà le *mais* fatal !

« Mais je suis fâchée de t'appren-
» dre, mon pauvre garçon, qu'elle
» te refuse.... »

Elle me refuse ! Je n'ai pas besoin d'en lire davantage.

Richard met la lettre dans sa poche, et veut sortir. Jeannette l'arrête ; Jeannette le presse d'achever sa lecture : vous verrez, lui dit-elle, les motifs........ — Et quels motifs, mademoiselle ? Quelque puissans qu'ils soient, m'empêcheront-ils de mourir d'une pareille cruauté ?...

Richard essuie quelques larmes qui tombent de ses yeux; puis il reprend la lettre, et continue :

« Qu'elle te refuse !..... Elle est
» pénétrée d'estime pour toi; elle
» apprécie l'honneur que tu lui fais.
» (*Il hausse les épaules*). Je puis te
» jurer aussi que son cœur ne s'est
» donné à personne. »

Cela est-il bien sûr? Je n'ose le croire!

« Mais elle renonce au mariage,
» à l'amour, à toutes les affections
» du cœur, pour n'en conserver
» qu'une seule, celle de nous chérir
» jusqu'à sa mort, celle de nous
» dévouer son existence! Prends
» ton parti, mon pauvre Richard,
» et renonce à tes projets sur Jean-
» nette. Pour te consoler de sa
» perte.... »

Te consoler! Madame croit qu'on se console comme cela d'un aussi grand malheur! Voyons donc ce qu'elle me promet pour me consoler !....

« Pour te consoler de sa perte,
» je te ferai épouser une de mes fil-
» leules, bonne fille, assez jolie,
» et je doublerai pour elle la dot
» que j'avais promise à Jeannette.
» Rosalie d'Eranville. »

Voilà une belle proposition ! Est-ce que toutes les filleules de madame vous valent, mademoiselle ? Est-ce que toutes les dots possibles peuvent empêcher d'aimer une personne aussi accomplie que vous l'êtes ? O mon Dieu ! que je suis malheureux !

Jeannette voulut calmer la douleur de ce pauvre garçon : cela lui fut impossible ; Richard sortit précipitamment ; et, le lendemain, on apprit qu'il s'était engagé dans une compagnie de chasseurs qui venait de partir, et de l'emmener avec elle. Si son vieux père fut inconsolable de ce départ précipité, Jeannette n'en ressentit pas moins de douleur. Elle s'accusa de cet acte de désespoir, et regretta même de n'avoir pas fait le bonheur de ce jeune homme, de qui elle était si tendrement aimée. Cet événement lui fit éprouver un chagrin qui ajouta à sa mélancolie ; et sans la bonne et franche amitié de la sœur Emilie, qui venait de temps en temps la voir à la dérobée, elle aurait passé le reste de l'hiver dans une tristesse qui aurait pu altérer sa santé.

Vers le mois de mars 1790, Jeannette fut mandée à Paris chez madame d'Eranville, qui l'accabla d'amitié et de caresses. Le malheur commençait à peser sur cette famille, dont des brigands sans aveu, et sous l'apparence de cohortes populaires, avaient pillé presque toutes les propriétés de la province. D'Eranville, livré au plus sombre désespoir, ne pouvait se consoler dans la douce société de sa femme et de sa fille : il méditait de sinistres projets ; et la douleur et la tristesse avaient remplacé la paix et la sérénité, qui naguères régnaient dans ce paisible intérieur. Madame d'Eranville, pour distraire son époux de ses chagrins, voulait l'emmener à la campagne : elle ne put l'y déterminer; et, craignant de le laisser seul en but aux troubles qui agitaient la Capitale, elle persistait dans ses projets de rester près de lui, et de confier aux soins de Jeannette sa fille, dont l'innocence et la tranquillité couraient les plus grands dangers au milieu d'une ville dont tous les habitans étaient soldats. C'était sans doute une terreur panique; mais le lecteur sait que Rosalie était dévote, remplie de préjugés, et que les plus petits événemens ajoutaient à l'exagération de ses idées mystiques.

Jeannette fut donc chargée d'emmener Cécile à la ferme, et de la veiller comme une seconde mère. Quel bonheur pour Jeannette et pour Cécile, qui avaient le cœur le plus doux et le plus aimant !.... Ces deux amies se serrèrent dans les bras l'une de l'autre, embrassèrent leurs parens, leurs bienfaiteurs, et partirent en se promettant l'avenir le plus heureux.

Arrivées à la Bergerie, Cécile et Jeannette voulurent habiter la même chambre, et ne se quittèrent plus ; tableau touchant de l'amitié qui les unissait pour la vie, et qui devait un jour exiger des sacrifices bien douloureux pour le bonheur commun de ces deux cœurs formés l'un pour l'autre !..... Dès lors le séjour de la ferme s'embellit ; tout y devint riant, aimable, et les oiseaux même semblèrent s'y fixer comme dans un lieu plus propre aux chants de leur félicité.

Une bibliothèque choisie était dans une des chambres de la petite maison de maître : Cécile y avait fait transporter son piano ; et ces deux amies passaient leur temps, soit à des promenades champêtres, soit à lire ou à faire de la musique. Pauvres habitans de Sèvre et de Meudon! vous vous rappellerez long-temps les visites hospitalières de ces deux anges de consolation! Vous que la misère et les maux du corps retenaient enchaînés sur le grabat de la détresse et de la mort, vous voyez encore, n'est-ce pas, Cécile et Jeannette vous apporter le consommé, les drogues faites de leurs belles mains? et vos enfans vous ont dévoilé les cadeaux d'argent qu'ils recevaient pour vous aider, et à votre insu, tant ces aimables personnes craignaient de blesser votre délicatesse! Pas un infortuné dans le voisinage dont elles n'aient essuyé les larmes! pas un indigent dont elles n'aient adouci la misère!... Hélas! que n'ont-elles pu vivre long-temps dans ce lieu où elles étaient si utiles! et pourquoi la fortune leur a-t-elle retiré les moyens de faire du bien!.....

---

CHAPITRE

## CHAPITRE IX.

*Evénemens rapides.*

Une année s'écoula, pour nos deux amies, dans ces plaisirs touchans. M. et M<sup>me</sup>. d'Eranville venaient les voir très-souvent, et ne les quittaient jamais que pénétrés d'estime et de tendresse pour leur fille comme pour Jeannette, qu'ils commençaient à regarder comme leur second enfant.

Cependant les troubles allaient en croissant; et d'Eranville, qui ne pouvait y habituer son caractère, avait pris un tel dégoût pour la vie, qu'il eût abrégé ses jours, s'il n'eût pensé souvent qu'il était époux et père. Sa femme s'apercevait de l'effet sinistre que les chagrins de son âme faisaient sur son physique. Il était changé à faire peur, et presque ruiné. Le feu, les dévastations avaient détruit ses plus belles propriétés; il ne lui restait

G

que quelques rentes et sa maison de Paris. Pour comble de malheur, un fils naturel de feu l'oncle Durand, profitant du bénéfice des nouvelles lois, vint revendiquer l'héritage entier de son père, qui était passé improprement entre les mains d'un simple neveu. Cela fit naître un nouveau procès très-long, et pendant lequel il arriva d'autres événemens propres à augmenter le désespoir de d'Eranville. Sa femme voulut, l'été d'après, aller se fixer à la Bergerie, près de ses enfans. Elle y vécut quelques mois tranquille; mais une chûte qu'elle fit lui causa la mort en douze jours de temps !.. Quels regrets pour d'Eranville ! Rosalie qu'il avait tant aimée, cette Rosalie qui était si nécessaire à son bonheur, à laquelle il asservissait toutes ses volontés, qui réglait ses moindres vœux, et soutenait son courage; Rosalie n'existait plus, et tous les malheurs fondaient ensemble sur son époux infortuné !..
D'Eranville en aurait perdu l'esprit

sans les consolations de Cécile et de Jeannette, qui, non moins affligées que lui, trouvèrent encore la force de surmonter leur douleur, et d'adoucir celle du plus malheureux des hommes. Pour faire distraction à ses chagrins, d'Eranville forma le projet d'aller visiter ses anciennes propriétés en province, et de voir s'il ne lui serait pas possible d'en retirer quelques débris. Il voulut que sa fille l'accompagnât; et Jeannette resta à la maison de Paris, pour la diriger, ainsi que la ferme de Meudon, qui étaient presque les seuls biens qui restassent à d'Eranville. Ce dernier partit donc avec Cécile; et leur voyage fut tellement contrarié par diverses circonstances, qu'ils restèrent plus d'une année absens. Il est vrai que d'Eranville, à qui tous les séjours étaient indifférens, restait dans une ville, quand il s'y trouvait bien, et que son aversion pour Paris était telle, qu'il retardait toujours à y rentrer.

Pendant son absence, ses intérêts,

auxquels il ne pouvait pas veiller, allèrent de pis en pis. Le fils naturel de l'oncle Durand gagna son procès, par la négligence des hommes d'affaires de d'Eranville ; et ce dernier fut condamné à lui restituer tout l'héritage dont il jouissait depuis plus de vingt ans. D'Eranville n'ayant plus assez pour rendre la totalité, on lui prit le peu de bien qu'il avait ; et Jeannette, gardienne de la maison de Paris, se vit forcée d'en sortir, pour faire place aux gens de justice et au véritable héritier. Jeannette ne vit plus d'autre asile, pour elle et ses maîtres, que la ferme de la Bergerie, qu'heureusement pour lui d'Eranville, quelque temps avant, avait fait passer sous le nom d'un ami nommé Lefèvre, pour se ménager cette ressource, en cas qu'il perdît son procès. Jeannette écrivit cette triste nouvelle à d'Eranville, qui était alors en Bretagne ; et ce coup le frappa tellement, qu'il en tomba dangereusement malade. Sa tendre fille eut tant de soins pour lui, qu'elle parvint à lui rendre un peu de santé, et assez de forces pour revenir à Meudon.

Quelle entrevue que celle de ces infortunés avec la sensible Jeannette! Des larmes coulaient de tous les yeux : plus de terres, plus de maisons, plus de chevaux, de voiture (Jeannette avait congédié Victoire et son mari Picard), plus de biens, en un mot! D'Eranville ne put survivre à tant de douleurs; il retomba accablé sous le poids de la maladie qu'il venait d'avoir; et en peu de temps sa fille et son amie eurent la douleur d'apprendre que les gens de l'art désespéraient de ses jours.

Quand d'Eranville vit approcher le moment fatal de sa destruction, il fit venir près de son lit de mort Jeannette et Cécile, qui fondaient en larmes. D'Eranville prit la main de sa fille, et lui adressa ce discours touchant, qu'elle n'a jamais oublié depuis :

« Cécile, mon enfant, tu pleures,

et ta douleur augmente la mienne. Je ne te dirai point que j'éprouve des regrets de quitter cette terre d'infortune, où la somme des malheurs est toujours au-dessus de celle des félicités : non, ma fille, je ne puis regretter que toi dans ce monde ; le reste est bien vil à mes yeux. Tu me regardes ! Tu examines cet asile plus que modeste, le seul héritage que je puisse te laisser ! Tu vois ton père, autrefois si riche, si brillant, tu le vois expirer sur un grabat, pour ainsi dire, manquant presque des choses de première nécessité, et donnant un triste exemple de l'effet des vicissitudes humaines !.... Cécile ! tu sens maintenant, bien cruellement sans doute, ce que c'est que la fortune ici-bas ! Tout se culbute, tout change de forme et de nature ; les biens échappent des mains de l'opulent, pour aller enrichir le pauvre, qu'il regardait naguères d'un œil dédaigneux ; les grandeurs quittent celui-ci pour élever celui-là, et le repos n'est nulle part. Cécile !.... voilà mon seul chagrin. Je te laisse dans l'indigence, orpheline, sans état, sans établissement; et, pour comble de malheur, je regrette d'avoir habitué ton enfance aux aisances, disons mieux, au luxe de la fortune. Ton changement d'état t'en sera plus douloureux !... Je vais mourir, ma fille, ignorant quel sera ton destin à venir, te laissant sans parens, sans amis....... Sans amis ! que dis-je ? N'as-tu pas cette bonne, cette estimable Jeannette, qui peut te servir de guide, de soutien, de consolatrice ? Elle est plus âgée que toi; elle a plus d'expérience: ne l'abandonne, ne la quitte jamais, ma Cécile ! qu'elle te tienne lieu de mère, de tout ce que tu as perdu ! Ma fille, je t'ordonne de vivre avec elle, d'unir ton sort au sien, et de l'écouter comme une bonne, une sage amie ; me promets-tu de respecter cet ordre de ton père expirant ? »

Cécile ne peut que répondre en sanglotant : O mon père ! vos moindres vœux seraient sacrés pour moi, quand même mon cœur ne me ferait pas un bonheur de les respecter.

Le moribond fait approcher Jeannette. Et toi, Jeannette, lui dit-il, et toi, fille estimable et chère, si jamais tu te rappelles que jadis, dans la prospérité, mon épouse et moi nous jetâmes un regard de compassion sur le berceau de l'enfant abandonné; si tu te souviens toujours de l'adoption que nous fîmes de toi dans un temps où la pitié des hommes te donnait un pain que les enfans du malheur te disputaient; si tu gardes enfin le souvenir de la tendresse constante que je t'ai témoignée, et qui n'a pu être altérée qu'un moment par la tendre sollicitude d'une épouse devenue mère; ô Jeannette !... veille sur ma fille, sur ce précieux trésor que je te confie; sauve-la des pièges de la séduction, des embûches des méchans, de l'horreur de la pauvreté : que le travail de tes mains s'unisse à ceux des arts que nous lui avions donnés pour son seul agrément, et que, réunies ensemble comme deux sœurs, tout vous soit commun comme vos deux cœurs. Jeannette, c'est ainsi que tu reconnaîtras les soins que nous avons pris de toi; c'est ainsi que tu consoleras dans la tombe les mânes de Rosalie et les miens! Jeannette, avec la certitude de ton amitié que je laisse à ma fille, je meurs plus tranquille, et cette obligation que je t'aurai m'est une douce récompense du bien que j'ai pu te faire. Ne pleurez pas toutes deux, et recevez, avec mes derniers soupirs, la bénédiction d'un père qui vous a toujours confondues dans son cœur et dans sa pensée. Ne reculez point aux approches de la mort qui va me saisir, et qui depuis long-temps faisait l'objet de tous mes vœux. Elle est terrible pour l'homme heureux; mais pour l'infortuné, elle n'est que le passage du malheur à l'éternelle félicité.

D'Eranville dit; et ses deux enfans, ainsi qu'il les nommait, couvrirent ses mains des larmes du regret et des baisers de la tendresse. Il y parut sensible, et ajouta ces mots à ceux qu'il venait déjà de prononcer avec beaucoup de peine :

« Jeannette, sans doute ton état obscur et l'ignorance de ta naissance sont et doivent être pour toi la source d'une longue sécurité ; cependant, si jamais tu éprouves le désir de recouvrer tes parens, désir qui pourrait être pour toi la source de mille chagrins, il est possible que tu réussisses dans cette recherche, quelque difficulté qu'elle paraisse d'abord t'offrir. Lorsque, dans la maison des Enfans-Trouvés, on te remit à mes soins, on me dit qu'un particulier, voisin, t'avait trouvée, à l'époque de ta naissance, dans l'allée de sa maison; qu'à tes côtés était un papier non cacheté, trop insignifiant pour qu'on se donnât la peine de faire des recherches. On me donna ce papier ; je l'ai ; tu le trouveras dans le petit coffre où j'ai conservé quelques bijoux de ta mère, ma Cécile. J'aurais pu cependant profiter de différentes indications que me donnait ce papier mystérieux ; mais je t'aimais trop, Jeannette, pour m'exposer à la dure nécessité de te rendre à des personnes qui auraient eu le droit de te réclamer. Ma femme et moi, nous avons enfermé soigneusement cet écrit, assez vague d'ailleurs, et nous n'avons jamais voulu en faire usage ; mais si tu en as besoin, Jeannette, tu t'en serviras ; et peut-être une découverte funeste t'arrachera-t-elle des bras de ma fille !..... Jeannette, si tu m'en crois, tu resteras dans l'ignorance où tu as vécu jusqu'à présent. A quoi te servira-t-il de retrouver des parens qui ont été assez dénaturés pour t'abandonner, qui peuvent à présent abuser de leurs droits imaginaires pour te tourmenter ? S'ils sont pauvres, quel bien en attendras-tu ? S'ils sont opulens, tu t'exposeras à leur mépris, aux vexations peut-être d'héritiers avides dont ta présence détruira les espérances, et qui, te regardant comme j'ai fait du fils naturel de notre oncle Durand, peuvent t'accabler de procédés plus injustes que ceux dont j'ai usé envers ce destructeur de ma fortune. Jeannette, chéris le repos, ma fille, chéris le repos et l'obscurité: c'est là, là seulement qu'on est sûr de rencontrer le bonheur. Tel est le conseil sage et mûri par l'expérience, que te donne ton bienfaiteur mourant; regarde-le aussi, ce conseil prudent, comme un avis du ciel; car l'homme, à ses derniers momens, entrevoit l'éternité. Son âme s'épure, et son esprit prend déjà une partie de ce feu divin, prophétique, qui doit l'animer pendant l'incommensurable éternité.

Jeannette et Cécile s'empressèrent de témoigner au moribond la soumission avec laquelle elles écoutaient ses moindres leçons. Il en parut flatté, et quelques heures après il expira.

Ainsi d'Eranville suivit de près au

tombeau sa bonne Rosalie ; et ces deux êtres, qui, dans le cours de leur vie, avaient fait plus de bien que de mal sur la terre, y laissaient deux jeunes personnes dans l'indigence, au milieu des passions de leurs semblables, et dans le trouble d'une révolution qui donnait encore plus d'activité à ces passions funestes à l'innocence. D'Éranville, Rosalie, n'étaient plus ! Ils offraient un triste exemple de cette fatalité qui, du faîte de la félicité, précipite certains individus dans une mer d'infortunes, dans le néant.

## CHAPITRE X.

*Tableaux moins sombres.*

La mort de d'Éranville sembla jeter nos deux amies dans un vide affreux. Seules maintenant pour elles sur la terre, elles se regardèrent long-temps avec une espèce d'effroi, et comme se demandant des yeux ce qu'elles allaient devenir. Ce silence stupide se prolongea sans que l'une des deux adressa la parole à l'autre, et sans que leurs yeux répandissent une seule larme. A la fin, des torrens de pleurs s'échappèrent de leurs paupières ; et, sans les soins du bon homme Richard et de sa femme, cet état fatal, du plus violent désespoir, aurait pu devenir funeste à toutes deux. Le bon Richard s'empressa de les consoler ; sa femme les fit descendre chez elle ; et, pendant ce temps, on eut soin d'inhumer le cadavre, et de détourner tous les effets qui auraient pu rappeler des souvenirs douloureux.

Quelques jours se passèrent dans la douleur générale ; mais enfin, il fallut courber la tête sous les coups du sort, et le calme de nos amies fut l'ouvrage d'un ecclésiastique vertueux, et qui était vicaire de la cure de Meudon. Il est temps de faire connaître ce nouveau personnage.

M. de Verneuil (je tais ici son véritable nom) était un homme de trente-six à quarante ans; grand, bien fait, et portant sur sa physionomie les signes caractéristiques de toutes les vertus de son cœur : il était aussi instruit que bon et sensible. Ce n'était point par un goût décidé que M. de Verneuil avait pris l'état ecclésiastique; mais, né dans la classe de la noblesse, et dans un pays où les aînés avaient tout autrefois, tandis que les cadets se voyaient privés de la fortune de leurs pères, M. de Verneuil avait été forcé par sa famille de prendre ce qu'on appelait le petit collet. Simple dans ses goûts comme dans son ambition, il avait toujours préféré la vie tranquille, un sort médiocre, mais honnête, au fracas des places, au luxe des appointemens; et depuis long-temps il se contentait d'un simple vicariat dans un petit village. Il se rappelait que le facétieux Rabelais s'y était plû autrefois; et, sans avoir la folie de cet ingénieux auteur du Pantagruel, il était fier de ce que, dans son logement, il se trouvait une petite tourelle qu'avait jadis habitée cet auteur. M. de Verneuil y avait établi son cabinet; et là, il lisait sans cesse, ou méditait, non sur son bréviaire, mais sur les écrits de nos philosophes. M. de Verneuil était un sage, qui jouissait tranquillement de douze cents livres de rente, tandis que ses frères, ses moindres parens, ne trouvaient pas assez, dans leur province, de cinquante mille écus chacun de revenu.

Depuis quelques temps, avant même la mort de Rosalie et de d'Eranville, M. de Verneuil avait fait la connaissance de Jeannette; il venait souvent à la ferme goûter avec elle, ou l'aider dans quelques amusemens du jardinage. Il avait su distinguer l'esprit juste, la raison formée et le bon ton de Jeannette. Il lui prêtait des livres, ou accompagnait sa jolie voix d'une guittare dont il jouait assez agréablement. Tous deux passaient des momens heureux ensemble; et leur vertu, leur décence reconnues, empêchaient la calomnie d'oser noircir leurs aimables entretiens, auxquels d'ailleurs assistaient souvent le bon Richard, ou sa femme. Il est vrai, et je dois le dire pour préparer les événemens qui vont se succéder, que M. de Verneuil ne voyait pas Jeannette d'un œil indifférent. Le bon vicaire était homme, et regrettait souvent que les chaînes ridicules de son état le retinssent dans un célibat qui n'était point de son goût. Son cœur, jusqu'alors insensible, s'était attendri pour Jeannette; et s'il n'eût pas été ecclésiastique, il lui eût vingt fois proposé sa main. C'était sur-tout depuis que cette passion le dominait, qu'il désirait une liberté à laquelle il n'avait jamais pensé; mais discret, honnête et décent, jamais il n'avait laissé échapper devant Jeannette le moindre mot qui pût déceler son amour. Il se contentait de l'adorer en secret; et Jeannette, bonne et confiante, n'attribuait qu'à l'estime, qu'à l'amitié, des assiduités qui étaient l'ouvrage de l'amour.

M. de Verneuil avait vu Cécile: Cécile était belle, d'une beauté même régulière: les grâces et l'amabilité régnaient dans toute sa personne; elle avait aussi bien plus de talens que Jeannette; mais Jeannette avait une de ces figures piquantes qui, jolie sans exactitude de traits, séduisent plus communément que la beauté. Quoique sérieuse et pensive, Jeannette avait un genre de gaieté aimable: le sourire était sans cesse sur ses lèvres, et son esprit était plus cultivé, peut-être même plus solide que celui de Cécile. M. de Verneuil tenait donc à sa première ardeur; mais s'il ressentait de l'amour pour Jeannette, il avait pour Cécile une estime particulière et un attachement inviolable. C'était l'ami commun de ces deux personnes infortunées ; et, à l'époque de la perte qu'elles firent de leur père, il ne cessa de leur prodiguer tous les soins, tous les conseils, toutes les consolations qu'on doit attendre, en pareil cas, d'un ami zélé. C'est à lui qu'elles durent le bonheur de ne point succomber à ce coup accablant ; ce fut lui qui leur donna ce courage, cette fermeté qu'elles manifestèrent depuis, et dont le sort leur faisait désormais une nécessité. M. de Verneuil ne quittait pas leur simple manoir, et nos amies éprouvaient une sorte d'inquiétude lorsqu'il était loin d'elles.

Un jour que M. de Verneuil était absent, elles reçurent un petit papier de chicane qui les effraya. Autant qu'elles purent le déchiffrer, elles virent qu'on leur ordonnait de quitter la ferme, attendu qu'elle ne leur appartenait point. Quel nouveau coup on allait porter à leur sensibilité ! Elles attendirent avec impatience l'arrivée de leur ami, à qui elles montrèrent ce papier. M. de Verneuil le lut, se promena à grands pas dans la chambre, et s'écria : Race humaine !.... Quelle perversité ! Qu'est-ce, monsieur ? Que signifie cet ordre de quitter cet asile ? — Voilà ce que c'est, Cécile : votre père, quelque temps avant de mourir, et se voyant presque ruiné, a passé cette ferme sous le nom d'un nommé Lefèvre ; c'est ce scélérat qui veut aujourd'hui vous en dépouiller. — Le monstre ! Le connaissez-vous ? — Nullement. — Il se donne le titre d'homme d'affaires. S'il en fait beaucoup de pareilles, il ne tardera pas à s'enrichir ; mais rien n'est désespéré. Votre père doit avoir laissé dans ses papiers, un contre-billet de cette vente simulée. Voyons, cherchons.

M. de Verneuil compulse tous les papiers du défunt : il n'y trouve rien qui prouve que la ferme de la Bergerie lui appartienne. Seulement, il en possède tous les titres, et rien n'y annonce qu'elle soit plus à Lefèvre qu'à d'Eranville. Le bon vicaire vole à Paris; il consulte, il remet les papiers à un homme de loi: on plaide, on fait beaucoup d'écritures, et tout cela aboutit, à quoi? à la perte du procès de Cécile. Elle est condamnée à rendre la ferme au fripon qui la vole, et tout prouve que d'Eranville a été la dupe de ce misérable qui lui a fait signer ce qu'il a voulu.

C'était là le dernier trait dont le sort pouvait frapper nos amies: elles n'avaient plus rien à perdre; elles ne devaient plus appréhender de nouveaux malheurs. Les voilà donc tout à fait dénuées de ressources, d'asile, sans fortune, sans état, sans moyens même pour se tirer d'affaire; car l'excès de l'infortune avait absolument abattu leurs facultés et toute leur énergie. Pour achever de les désespérer, leur ami de Verneuil, quoiqu'il eût satisfait à toutes les lois rendues contre les prêtres, fut enveloppé dans la proscription générale qui signala le règne de la terreur. L'infortuné fut arrêté, traîné dans un cachot; et, n'ayant aucun parent, aucun ami qui pût veiller à ses intérêts, à ses besoins même, ce fut Cécile et Jeannette qui lui rendirent, en cette occasion, les services, dangereux alors, de l'amitié surveillante et active. Mais comment pouvaient-elles lui faire passer des secours pécuniaires, elles qui en manquaient absolument! Le sentiment porte à tous les sacrifices; Cécile vendit les effets, les bijoux de sa mère, et réussit ainsi à soutenir son amie, elle-même, et l'estimable de Verneuil, pendant quelques mois.

Cette ressource épuisée, il fallut s'en créer d'autres; ce fut Cécile qui, la première, proposa à son amie de travailler pour le public à de la broderie, à mille ouvrages de femme. Jeannette ne put retenir quelques larmes, en voyant mademoiselle d'Eranville, destinée jadis à un héritage considérable, réduite à travailler de l'aiguille pour subsister. Jeannette était aussi très-adroite : elle se mit à l'ouvrage comme Cécile, et ces deux amies, habitant un quatrième étage, dans une petite rue de faubourg à Paris, se livrèrent à des travaux assidus, peu lucratifs, mais suffisans, vu leur peu de besoin. Depuis quelque temps, M. de Verneuil avait obtenu des secours de sa famille : il n'était plus à charge à l'amitié ; et s'il ne rougissait pas des bienfaits qu'il en avait reçus, il ressentait néanmoins une profonde douleur des sacrifices qu'il coûtait à deux cœurs aussi généreux.

Cependant Cécile, qui traitait Jeannette absolument comme sa sœur, à l'exception qu'elle la tutoyait, et que Jeannette n'osait pas prendre tant de liberté avec la fille de son bienfaiteur, Cécile était toujours plongée dans une tristesse continuelle. Rien ne pouvait la distraire; elle soupirait, levait les yeux au ciel, et souvent elle laissait tomber sur son ouvrage quelques larmes qu'elle se hâtait d'essuyer, en regardant si Jeannette les avait remarquées. Jeannette avait cru long-temps que sa mélancolie était une suite naturelle de ses malheurs; mais, en voyant l'espèce de réserve qu'elle gardait, et la crainte qu'elle éprouvait d'être apperçue lorsqu'elle pleurait, tout fit croire à Jeannette que sa douleur avait une cause inconnue. Celle-ci, avec cela, la surprenait quelquefois lisant avec attention des lettres qu'elle cachait avec précipitation. Jeannette n'osait pas demander à Cécile ses secrets; mais elle était persuadée que son amie en avait pour elle, et cela blessait sa délicatesse.

———

CHAPITRE

## CHAPITRE XI.

*Est-ce bien une faute ?*

Un jour Jeannette se hasarda de questionner Cécile : Mademoiselle, lui dit-elle, jusqu'à présent je m'étais flattée d'être honorée de votre amitié, et sur-tout de votre confiance intime ; cependant je crains de ne m'en être pas rendue digne autant que je le désirerais.

Cécile la regarde attentivement, et lui demande, d'un air distrait, pourquoi elle a cette crainte ? — C'est que, mademoiselle... pardon de ma témérité ; mais je crois que mademoiselle a des chagrins dont j'ignore la source. — Des chagrins, Jeannette ! ah oui, j'en ai ! n'ai-je pas perdu mon père, ma mère, toute ma fortune ? — Pour la fortune, mademoiselle a trop de philosophie pour la regretter : quant à

H

la perte de M. et de M^me d'Eran-ville, elle est irréparable sans doute; mais je pense que près de trois années doivent en calmer l'amertume. — Jamais, Jeannette, jamais ! — Si telle est la cause de votre mélancolie je la respecterai, mademoiselle; et je ne vous accablerai plus de questions importunes. — Importunes !... (*elle lui prend la main*). Mon amie peut-elle employer ce mot avec moi ! — Il me paraît pourtant juste, mademoiselle: car je connais votre cœur, votre franchise, et je crois m'apercevoir que vous me cachez quelque secret ! Il est difficile aux âmes grandes de déguiser quelque chose ! — Ah, Jeannette !... ne m'interroge pas. — Je ne me suis donc point trompée, mademoiselle ! et j'ai donc perdu votre confiance !... — Jeannette, il est de ces secrets dont le cœur seul doit rester dépositaire, quand leur publicité ne peut mener au bonheur; il est toujours humiliant de faire l'aveu d'une faiblesse!

— D'une faiblesse, ô ciel! quel mot a employé mon amie! en serait-elle capable?... — Jeannette! tu vois ma honte, la rougeur qui couvre mon front!.... laisse-moi, laisse-moi! — Que je vous laisse, Cécile, quand vous avez des chagrins! Non, non; je ne vous en parlerai jamais; cachez-les, renfermez-les toujours dans votre cœur, ces secrets impénétrables; je ne veux plus les connaître: mais je prétends en adoucir la peine; je veux vous consoler, et.... mademoiselle, ou vous me chasserez d'auprès de vous, ou je parviendrai à vous rendre la sérénité qui doit être le partage de l'innocence. — L'innocence!... quel mot as-tu prononcé!...

Cécile, après cette exclamation, mit les deux mains sur son front, et se retira dans une petite pièce attenante à la chambre de Jeannette. Jeannette resta toute étonnée, ne sachant que penser de Cécile, flottant entre mille soupçons qui se détruirent tous les uns par les autres, et désespérée du peu de confiance que lui témoignait son amie. Cécile rentra au bout d'une heure, et changea la conversation de manière que Jeannette ne sut et ne put deviner rien.

Quelques jours se passèrent, et Jeannette remarqua que la douleur de Cécile allait toujours en augmentant. Elle s'enfermait seule, lisait, parlait souvent à haute voix, et paraissait se plaindre amèrement. Cet état fit tant de peine à Jeannette, que, malgré sa ferme résolution de respecter les secrets de Cécile, elle se promit de faire tout pour les pénétrer. Cécile n'était plus une enfant, ni même une très-jeune personne: Cécile avait vingt-deux ans; on ne pouvait la soupçonner d'une étourderie indigne de son âge, ni de ses principes. Quelle était donc la cause de sa profonde mélancolie?

Un jour que Cécile était sortie, et que Jeannette était seule à la maison, la nuit commençait à obscurcir les objets, lorsqu'elle vit entrer un homme bien mis, qui lui demanda si ce n'était point ici la demeure de mademoiselle Dascourt? (c'était un nom qu'avait pris Cécile pour cacher le sien, qui était très-connu à Paris). — Oui, monsieur, lui répond Jeannette, qui peut à peine distinguer ses traits: qu'y a-t-il pour votre service? — Je viens de la part de madame de Saint-Albin chercher le voile de dentelle qu'elle lui a donné à raccommoder. Voici sa lettre.

L'inconnu cherche la lettre de la personne qui l'envoie; il ne la trouve pas; il fouille dans plusieurs poches, remue vingt papiers, en tire d'autres, et donne enfin à Jeannette une lettre qui l'autorise à remettre le voile. L'inconnu donne l'argent convenu, et se retire. Jeannette se procure de la lumière, se remet à son travail. Cécile revient, apprend indifféremment que M<sup>me</sup>. de Saint-

Albin a envoyé ; et, toujours plongée dans sa tristesse, elle s'approche de la lumière, prend un livre, et lit. Un léger meuble de femme tombe de dessus la table, Cécile se baisse pour le ramasser ; elle aperçoit un papier qui lui semble inconnu ; elle le prend, jette les yeux dessus, et s'écrie : Ciel ! quelle illusion ! il est donc venu ? — Qui, mademoiselle ? — Il est venu, sans doute. C'est bien là, oui c'est bien là son écriture. Par quel étrange événement ce papier se trouve-t-il ici ? — Je l'ignore, mademoiselle ; à moins que ce ne soit le monsieur de ce soir qui l'ait laissé tomber de sa poche, en cherchant la lettre de madame de Saint-Albin ? — Que dis-tu, un monsieur ! grand ? — Grand. — Bien fait ? — Il me l'a paru. — Trente ans environ, brun, et de beaux traits ? — Je l'ai peu remarqué, le jour tombait. — C'est lui, oh, c'est lui : cher Saint-Ange !...

Jeannette se tait ; elle observe ; elle

attend l'explication de cette énigme; Cécile lit avidement le papier; puis elle s'écrie de nouveau : Jeannette, ô Jeannette ! il m'aime toujours !... toujours, Jeannette; tiens, vois. (*Elle lit.*)

« Oncle injuste et barbare, à qui je dois la perte de mon repos et de ma liberté, quand cesserez-vous de me persécuter ? Eh quoi ! vous voulez, vous exigez que je garde ma main pour l'enfant du malheur que je ne connais pas, que je n'ai jamais vue ! Non, monsieur; tant que mon cœur existera dans ma poitrine, il ne battra que pour mademoiselle Saint-Brice. »

Mademoiselle Saint-Brice ! interrompt Cécile hors d'elle-même; il y a bien là mademoiselle Saint-Brice ! (*Elle continue de lire.*)

« Vous ne savez pas, vous ne connaîtrez jamais l'intérêt puissant qui m'attache à cette femme accomplie; c'est le lien de la nature, de l'amour, de tous les sentimens les plus forts; et jamais la cupidité, la barbarie... »

Cécile n'en peut lire davantage. Eh bien, Jeannette, dit-elle, que penses-tu de cette lettre, qu'il n'a pas terminée, comme tu vois ? car il en est resté à ces mots : *Et jamais la cupidité, la barbarie.* Ce n'est sans doute que ce qu'on appelle un brouillon de lettre, dont il n'était pas content, et qu'il aura récrite à son oncle. Tu vois qu'il m'aime toujours ? — Mademoiselle, pardon : vous avez la bonté de me consulter, comme si je savais de quoi il est question, comme si je connaissais vos liaisons avec cet étranger. Mademoiselle a sans doute une autre confidente que moi ; il n'y a que cette confidente que mademoiselle puisse consulter là-dessus. — O Jeannette ! combien tu me fais rougir de mon imprudente exclamation !... Je ne pensais pas... l'excès de l'amour, du délire, du malheur. Daigne m'excuser, Jeannette, si je ne t'ai pas ouvert plus tôt mon cœur. Toi seule étais digne d'y lire ; mais quand on s'est avilie une fois à ses propres yeux, combien il est dur de publier sa honte et son déshonneur ! — Est-ce publier que confier à une tendre amie... — L'amitié, tout aveugle qu'elle puisse être, ne doit pas pardonner ma faute; elle est trop grave, elle est trop avilissante pour mon sexe, dont j'aurais dû me montrer l'exemple et le modèle. — Vous avez donc fait une faute, imprudente Cécile ! — Oh ! oui : appelle-moi imprudente, ma chère Jeannette; arme-toi de toute ta sévérité pour me punir et m'humilier autant que je le mérite. Voilà ce que j'appréhendais de ta part, et voilà ce que je suis en état de supporter aujourd'hui ! Prends sur moi dorénavant l'ascendant que doit avoir la vertu sur le crime, et méprise-moi comme une de ces viles créatures qui ont foulé aux pieds l'honneur et la vertu. — Quelle exagération, mon amie ! Me persuaderez-vous que vous vous soyiez dégradée à ce point ? Si je devine votre faute, elle est grave sans doute ; mais elle est si naturelle, si pardonnable à un cœur sensible, qu'il faudrait bien de la rigueur pour ne pas l'excuser. — Jeannette, as-tu jamais aimé? — Mademoiselle, cette funeste passion de l'amour n'est pas encore, heureusement pour moi, entrée dans mon cœur. — Ton cœur est donc de fer? — Il est sans doute aussi sensible que les autres; mais, habituée à la mélancolie, il n'a pas apparemment rencontré encore l'objet qui doit l'attendrir. — Que ne suis-je restée à Paris, Jeannette! Je n'y aurais pas trouvé l'homme dangereux qui m'a subjuguée; mais aussi, combien il est aimable, Jeannette! Tu l'as vu; n'est-ce pas qu'il est bien fait pour triompher du cœur le plus inflexible? — Je vous répète, mademoiselle, que je l'ai à peine remarqué. — A peine remarqué; à peine, Saint-Ange! Ah, Jeannette, que tu es heureuse d'avoir cette insensibilité! — C'est donc ce particulier qui ce soir... — Lui-même, Jeannette; apprends, apprends tout, et blâme ensuite ta malheureuse amie de s'être laissée séduire par tant de perfections!

Jeannette brûlait de connaître le secret de Cécile; et Cécile, qui venait d'éclater imprudemment, n'avait plus de motifs pour refuser à son amie cette preuve de confiance. En conséquence, Cécile s'approcha de Jeannette; et, après avoir relu encore une fois, en soupirant, la lettre commencée de Saint-Ange, elle lui fit le récit suivant, qui dut bien étonner l'innocente Jeannette.

## CHAPITRE XII.

### *L'attendait-on?*

« Tu te rappelles, Jeannette, qu'après la mort de ma mère, mon père éprouva, il y a trois ans, un tel dégoût de la vie, un ennui si violent à Paris, qu'il se détermina à voyager pendant quelque temps, pour faire diversion à ses regrets. Il m'emmena avec lui, et c'est dans ce fatal voyage, Jeannette, que ton amie a perdu le repos et l'honneur. L'honneur, Jeannette ! apprécies-tu cette perte que je dois au sort, au malheur, plus qu'à la faiblesse de mon cœur? Ecoutes-moi; tu vas apprendre des choses si singulières, que, si j'écrivais ma vie, on les prendrait pour un canevas de roman.

Il ne nous arriva rien d'extraordinaire en route, jusqu'à la terre que mon père possédait près d'Abbeville, et qu'il voulait visiter la première. Mon père, effrayé des événemens de la révolution qui se déclarait alors en France, craignant que son nom ne le compromît aux yeux de ses vassaux, qui le pensaient immensément riche, s'avisa de prendre le nom supposé de Saint-Brice, en me recommandant de ne jamais prononcer celui de d'Erauville devant qui que ce fût. Il y avait plus de vingt ans que mon père avait quitté cette province; tous ses domestiques

domestiques ont été changés pendant ce temps. Il ne restait plus à Eranville qu'un vieux fermier, homme sûr, et dont il ne redoutait point l'indiscrétion. Sans doute, Jeannette, tu trouveras de l'originalité sans motifs dans cette conduite de mon père; mais tu l'as connu: tu sais combien il était timide, bizarre, singulier, et la peur le comprimait au point de lui faire commettre même des imprudences. Nous arrivons à Eranville, que nous ne reconnaissons plus. Les habitans, croyant que nous avions fui la France, comme l'ont fait alors tant de gens riches et titrés, s'étaient presque partagés nos propriétés; quelques-unes avaient été pillées: il ne restait plus que la ferme, qu'on voulait disputer encore au bon vieux Germain. Cet estimable fermier reconnaît son maître, lui saute au cou, et lui témoigne la plus vive tendresse. Paix, paix, Germain, lui dit mon père;

je ne suis plus rien ici, je n'y veux rien être, je ne suis que Saint-Brice qui voyage et cherche à se distraire de ses chagrins. Garde-toi d'annoncer mon retour; ne me fais connaître à personne de ceux qui pourraient se souvenir de moi, et dis-moi seulement en quel état sont mes affaires ici?

Germain satisfait aux questions de son maître. Ah! monsieur, lui dit-il, vous n'avez plus rien à y prétendre. On vous a traité comme un émigré, et vos biens ne sont plus à vous. Vous ne pouvez pas espérer seulement un coin de terre dans ces plaines qui furent autrefois votre propriété : mais vous avez la voie de l'appel ; vous pouvez vous faire reconnaître, prouver votre séjour constant à Paris. — Je m'en garderai bien, mon ami! J'aime mieux tout perdre, que m'exposer à des discussions longues et dangereuses peut-être ; et puis, que me rendrait-on? des ruines! Non, Germain, non!

je me résigne, et je sens que ce sacrifice me coûtera bien peu, après la perte de ma chère Rosalie.

En vain Germain voulut-il faire entendre raison à M. d'Eranville, affaissé sous le poids du malheur et de la terreur, il persista dans son bizarre refus; et, après avoir dit un éternel adieu à son ancienne propriété, il voulut aller voir à Dorneval, village voisin, madame Durocher, qui était une ancienne amie de sa famille.

Madame Durocher n'existait plus; elle avait vendu sa maison à une femme de moyenne vertu, qu'on nommait madame de Linval. Cette madame de Linval, à qui nous nous adressâmes pour demander des nouvelles de l'ancienne amie de mon père, nous fit l'accueil le plus gracieux. Je suis désolée, nous dit-elle, de ne pouvoir remplacer ici l'amie que vous y veniez chercher. Sans doute vous vous proposiez de passer quelque temps auprès d'elle? et c'eût été pour cette dame un véritable bonheur; mais si elle n'existe plus, daignez croire qu'en perdant cette parente, j'ai hérité de son attachement pour ses amis et de son cœur hospitalier. Il est tard, la nuit s'approche; monsieur n'a peut-être point d'asiles dans ces campagnes? — Hélas! je n'en ai plus, madame, lui répondit, en soupirant, mon père! — Eh bien! que monsieur daigne accepter un appartement dans ma maison : je mettrai tous mes soins à remplacer mon amie auprès de lui et de cette chère enfant, qui est jolie comme un ange!

Elle s'avança pour me baiser au front, et je ne crus pas devoir me refuser à cette preuve d'intérêt. Mon père, craignant de commettre une indiscrétion, voulut se retirer; madame de Linval insista, se dit cousine de feue son amie, et fit tant que mon père accepta l'asile qu'elle nous offrait.

Funeste démarche! fatale inconséquence! que de maux elle m'a coûtés! Il sembla, Jeannette, lorsque mon père céda à ses instances, qu'un noir pressentiment vint glacer mon cœur. Une pâleur subite couvrit mon front; et sans me rendre raison de ce que j'éprouvais, je fus intérieurement fâchée de rester chez cette femme, dont l'extérieur et le langage ne me prévenaient pas en sa faveur. Madame de Linval, enchantée de notre soumission, sonna trois ou quatre grands laquais, à qui elle ordonna de préparer soudain l'appartement du petit corps de logis pour mon père et pour moi. Elle nous fit ensuite passer dans son salon, où nous trouvâmes beaucoup de monde; et là, la conversation devint générale. Ce qui me surprit beaucoup, c'est que madame de Linval, qui ne nous connaissait pas du tout, osa nous présenter à sa société comme deux de ses intimes amis qui venaient de Paris, et dont l'intention était de passer quelques mois à sa campagne. Comme mon père la regardait d'un air tout étonné, elle lui dit tout bas : Ne consentez-vous pas que je prenne ce titre flatteur, afin que vous n'ayez pas l'air de tomber des nues ici ? A la campagne, il faut éviter les caquets que chacun est toujours disposé à faire.

Puis elle ajouta plus bas encore : Et vous conviendrez que cette affaire-ci pourrait en faire naître une ample provision.

Mon père, ni moi, nous ne comprîmes pas ce qu'elle voulait dire ; mais nous aidâmes à faire accroire que nous étions en effet dans sa plus grande intimité.

On causa, on joua, on bâilla, puis on se mit à table, où l'ennui vint s'asseoir aussi, et l'on se sépara. Quand tout le monde fut parti, nous observâmes qu'il ne restait plus chez madame de Linval qu'un vieux militaire et un jeune homme, qui nous parurent être de la maison. Commandeur, dit madame de Linval au vieillard, je vous rends votre liberté dont vous m'avez fait le sacrifice toute la soirée. Vous avez bien dû souffrir, mon cher, vous qui n'aimez ni le jeu, ni la société? — Ma foi, madame, répondit le vieillard, vous devez m'en savoir gré; car, demandez à mon neveu, jamais ma goutte ne m'a tant fait souffrir que ce soir; et si je n'avais pas su que vous attendiez monsieur et mademoiselle... — Hem? plaît-il? interrompit madame de Linval en rougissant, que voulez-vous dire, que j'attendais?... — Je me trompe, répliqua le vieillard en souriant: j'ai voulu dire que, sans la compagnie de monsieur et de mademoiselle, je me serais vingt fois retiré. Note, Jeannette, que nous n'avions pas dit un mot de la soirée à ce vieux commandeur, qu'à peine nous avions remarqué. Il nous fit, ainsi que son neveu, une profonde révérence, et tous deux se retirèrent, éclairés par un laquais, qui les conduisit à un appartement prochain. Madame de Linval nous dit ensuite en riant : Vous avez vu une de mes anciennes, oh! mais très-ancienne connaissance! C'est le vieux commandeur de Mellery, et son neveu le jeune Saint-Ange. Ils logent chez moi depuis un mois, et j'espère les garder toute la belle saison. L'oncle est infirme, un peu grondeur; mais je lui ai de véritables obligations, et il ajoute à l'agrément de ma société. Je suis veuve, riche; il faut bien que je voie du monde : mais, en même-temps que j'aime la dissipation, j'estime l'honneur et ma réputation. Vous verrez! avec le temps, j'ose croire que vous m'accorderez votre estime. — Avec le temps, madame! répondit mon père.... Sans doute il me sera flatteur de cultiver votre connaissance, de me rappeler votre obligeant accueil; mais je vous prie de croire que je n'aurai point l'indiscrétion de prolonger chez vous un séjour qui pourrait vous devenir importun. — Importun, monsieur! Quel mot employez-vous!... Vous n'y croyez pas; non, vous ne pouvez pas y croire. Il faut bien que vous vous donniez le temps de me connaître.... J'ai intérêt à ce que vous me connaissiez. Pour vous, vos traits, qui portent le caractère de la franchise, toute votre personne, décèlent assez en vous un homme de bien, quel que soit le voile dont vous vous enveloppiez; et je crois que M. St.-Brice.... que... M. St.-Brice est un véritable ami de plus que je vais acquérir.

Elle affecta de répéter ce nom de Saint-Brice d'une manière si singulière, que mon père en fut frappé. Madame, lui demanda-t-il, aurait-elle connu quelqu'un qui portât mon nom? — Votre nom, monsieur? il ne m'est pas inconnu; il y avait un St.-Brice autrefois dans les chevau-légers, un autre dans les finances, un autre encore abbé commanda-

taire ; mais je pense que vous n'ête[s]
parent d'aucun de ces Saint-Brice là
— Madame devine juste. Je su[is]
étranger, hélas ! et je n'ai plus rie[n]
de cher sur la terre, que ma fille !—
Mademoiselle est accomplie, et do[it]
faire le bonheur de son père : ma[is]
je vous retiens là, et je ne pense pa[s]
que vous avez voyagé, que vous ête[s]
fatigués : bonsoir, bonsoir ; à de[main].

Madame de Linval prit sa bou[gie],
rentra chez elle, et nous fûme[s]
nous installer, mon père et moi
dans l'appartement qu'on nous ava[it]
destiné. J'y trouvai une femme [de]
chambre complaisante à mes moi[n]dres ordres, et mon père y fut ser[vi]
aussi par un domestique intelligen[t].

Mon père, toujours sombre, tac[i]turne, me dit fort peu de chose :
se retira, et j'entrai chez moi, où [je]
me livrai aux réflexions que m'in[s]pirait la singularité du caractère [de]
notre hôtesse. Je te la peindra[i],
Jeannette, dans un moment ; c[e]

moi-même alors je ne pus me rendre compte ni de sa fortune, ni de ses liaisons, ni de sa conduite. La suite ne m'éclaira que trop cruellement sur cette femme perfide, à qui je dois tous mes maux.

## CHAPITRE XIII.

*C'est sans doute un caprice.*

Le lendemain matin mon père ne me parla pas de poursuivre son voyage, et je respectai ses volontés. Madame de Linval nous fit prévenir que le déjeûner était servi. Nous descendîmes, et retrouvâmes près d'elle le commandeur de Mellery, et son neveu, qui s'informèrent de notre santé. Bon! interrompit madame de Linval, sans attendre notre réponse, est-ce qu'on se porte mal ici ? Je veux que chacun y suive mon exemple : la gaieté, le plaisir, voilà la source de ma santé. Vous voyez monsieur de Saint-Brice un peu pâle, taciturne; eh bien, avant un mois d'ici, je veux qu'il ait ces aimables couleurs qui décorent les jolies joues de sa fille.

Ces couleurs dont elle parlait s'amoncelèrent soudain sur mon front, et je baissai les yeux, tandis que Saint-Ange, ce neveu du commandeur, n'eut pas assez des siens pour m'examiner. Mon père sourit, me regarda à son tour, et l'attention générale arrêtée sur moi augmenta mon trouble et ma rougeur. Sans doute, dit mon père, la gaieté de madame et l'agrément de sa maison seraient bien propres à me rendre la santé et le calme de l'âme, si je pouvais prolonger chez elle mon séjour, mais cela m'est impossible; et tout-à-l'heure je vais partir pour Abbeville, où je prendrai la poste. — Partir tout-à-l'heure! répondit madame de Linval. Ah! vous n'aurez pas cette cruauté. Vous ne vous serez pas montré un moment pour disparaître soudain! Je ne le veux pas: entendez-vous, St.-Brice, que je ne le veux pas?— Madame... — Qu'avez-vous à faire? Rien. Qui vous fait voyager? le désir de vous distraire, n'est-ce pas? Je veux vous procurer ici plus de distractions que deux cents lieues de pays ne pourraient vous en offrir. Vous resterez, cela est entendu, vous resterez.—Cependant...—Eh! vous ne demandez pas mieux, malin que vous êtes; je lis dans votre cœur, et j'y vois.... plus que vous ne pensez. — Je vous jure pourtant, madame, que mon cœur ne recèle aucun secret qui ne puisse vous être dévoilé! — Il en est un peut-être que bientôt..... Mais ne parlons pas de cela avant le temps : c'est à vous d'ailleurs à rompre le premier le silence. Mes amis, le temps est beau aujourd'hui : si nous allions tous dîner à ce joli rendez-vous de chasse de la forêt prochaine? Duvillier et et Lornevil y chassent depuis ce ce matin; nous les surprendrons;

hein? voilà qui est dit, n'est-ce pas? Je cours donner les ordres nécessaires.

Mon père veut lui parler; elle est déjà bien loin, appelant ses domestiques, faisant un tapage affreux sur l'escalier. Mon père me dit tout bas: Voilà une bien singulière femme! je suis curieux de l'étudier; car, ou elle est folle, ou elle a des projets que je ne puis deviner. — Nous restons donc, mon père? — Quelques jours : voyons ce que tout cela deviendra.

Mon cœur se serra de nouveau, et je me tus. Je sentais que je n'étais pas à mon aise avec madame de Linval, d'ailleurs plus âgée que moi, et qui me traitait comme un enfant. Mon père voulait rester néanmoins; il fallait bien m'y résoudre.

Pendant que le vieux commandeur parlait à mon père de la singularité du caractère de madame de Linval, qu'il appelait sa meilleure amie, Saint-Ange trouva l'occasion de me dire des choses flatteuses; et ce jeune homme, que mes yeux avaient déjà distingué, me parut unir l'esprit à la décence et au bon ton. Au bout d'un moment, notre hôtesse rentra: Grâce au carillon que j'ai fait, nous dit-elle, tout est prêt, et nous pouvons partir. Mademoiselle Saint-Brice, son père, le commandeur et moi, nous irons dans ma grande berline, et pour notre jeune homme, il ira à pied : il saura bien nous rejoindre ; il n'y a que deux lieues d'ici là. La partie est arrangée ; mon père y consent, et nous voilà tous quatre emballés dans une voiture gothique, et traînée lentement par deux chevaux étiques. A peine arrivés au rendez-vous de chasse, nous y vîmes accourir Saint-Ange, accompagné de Duvillier, de Lornevil, deux grands jeunes gens que je me rappelai avoir vus, la veille à la maison, ainsi que plusieurs de leurs amis.

Eh bien, leur dit madame de Linval, convenez que vous ne nous attendiez pas là ? J'ai des idées comme cela, moi, qui tournent toujours au profit de mes plaisirs. Car nous aurions dîné seuls, au lieu que nous aurons de la société.

Tous les jeunes gens se hâtèrent de lui faire leur cour. Duvillier surtout me parut le plus empressé. Il baisait la main de cette femme avec des démonstrations de tendresse qui paraissent même appartenir à un autre sentiment qu'à celui de l'amitié. Est-ce pour moi, dit en riant la dame à cette troupe joyeuse, que vous témoignez tant d'allégresse, ou si c'est pour le plaisir que je vous procure en vous amenant mademoiselle de Saint-Brice ?

Cette question donna lieu à mille propos galans, dont madame de Linval fut le principal objet. Saint-Ange seul garda le silence, et cette retenue me fit intérieurement plaisir. La journée se passa très-bien, et le soir nous revînmes tous à d'Orneval, où la soirée fut employée à jouer ou à médire. Petit souper ensuite, et toujours les plus grands soins, les plus grandes prévenances de la part de madame de Linval pour mon père et pour moi.

Quand je fus retirée avec monsieur d'Eranville, j'osai lui demander si son intention était toujours de rester dans une maison étrangère où il n'était retenu ni par le lien des affaires, ni par celui de l'amitié? — Mon enfant, me dit-il, dans l'état de douleur qui me consume, peu m'importe le coin de la terre que j'habite; tout séjour m'est parfaitement indifférent. Il est vrai que celui de la paix, de la tranquillité, me conviendrait mieux que la maison de madame de Linval, où l'on ne songe qu'aux fêtes, qu'à la dissipation, où il se rassemble un essaim d'étourdis dont le caquet m'iportune et m'ennuie : il n'y a, dans tout cela, que le vieux commandeur de Mellery dont je fasse cas. C'est un homme d'un excellent commerce, et son neveu lui ressemble pour la solidité de la raison et de l'esprit.

Je ne sais pourquoi mon cœur battit violemment à cet éloge de St.-Ange, fait par mon père lui-même. Il ne s'en aperçut pas, et continua. Je n'ai cependant point, ma Cécile, l'intention de rester long-temps dans cette maison; mais le caractère original de l'hôtesse, sa manière de se mettre à son aise avec moi, de me forcer à devenir son ami, ses demi-confidences, son sourire ironique, tout cela me cache un mystère que je veux découvrir avant de me remettre en voyage. Dans tous les cas, ma Cécile, je compte assez sur ton cœur et sur tes principes pour te croire en sûreté au milieu de cette foule d'étourdis dont les mœurs me sont aussi suspectes que celles de la maîtresse du logis. En ne quittant pas ton père, en ne paraissant jamais qu'avec lui, tu ne cours aucun danger. Je te le répète, j'ai toujours mené une vie tranquille, et j'ai dans l'idée qu'on me ménage ici une aventure qui pique ma curiosité ; je veux la courir, et je t'expliquerai tout cela, si toutefois cette aventure ne blesse ni la décence, ni la délicatesse dont je me suis toujours fait une loi.

Mon père m'embrassa, et fut se livrer au repos, tandis que le sommeil vint s'appesantir sur mes paupières.

A son réveil, mon père resta fort étonné de trouver sur la cheminée un bijou qu'il n'y avait pas remarqué la veille. C'était une boîte d'or : il l'ouvrit, et fut bien plus surpris de reconnaître le portrait de madame de Linval. Qu'est-ce que cela veut dire ? Qui a mis là ce portrait ? Dans quelle intention ?... Est-ce madame de Linval elle-même que... Allons, c'est une idée folle : on ne donne son portrait qu'à celui qu'on aime ; et il n'y a pas d'apparence qu'une femme de trente ans au plus soit devenue, en deux jours de temps, amoureuse d'un homme de cinquante ans passés. C'est un oubli apparamment de quelque domestique ; oubli qu'un galant homme doit s'empresser de réparer, en remettant ce bijou à celle à qui sans doute il appartient.

Mon père descendit chez madame de Linval, la trouva seule, et eut avec elle une conversation assez originale, et qu'il me rapporta de point en point. Madame, lui dit mon père, quelqu'un occupait-il, avant moi, l'appartement que vous m'avez donné ? — Personne monsieur. Il y a un an qu'il a servi à une de mes tantes, que j'ai perdue depuis: mais pourquoi cette question ? — C'est qu'apparamment votre femme de chambre y aura oublié, hier, ce bijou que j'ai trouvé sur ma cheminée. Ha ha ! (*d'un air indifférent*) ce bijou ? Oui...... je sais ce que c'est.... c'est mon portrait, n'est-ce pas ? Vous l'avez...... regardé ? — Et admiré, madame (*il lui tend la boîte*).—Vraiment (*sans la prendre*), il y a un mois qu'il est fait ; il me ressemble, n'est-ce pas? — Beaucoup (*il ouvre la boîte et examine*); et puis, il me paraît bien peint. — C'est original (*elle rit*); il est heureux que le portrait ne se soit pas trouvé dans l'appartement de quelque amant de mes faibles charmes, car il l'aurait gardé! — Madame, il serait plus doux de le recevoir comme un bienfait que de le voler. — Bon! (*elle minaude*): voilà qui m'embarrasse: est-ce une demande que vous m'en faites! — Je n'ai aucun droit à un pareil présent. Fort bien; c'est-à-dire, que monsieur ne m'aime pas? — Aimer d'amour, madame, est le propre d'un jeune homme; un homme de mon âge ne peut plus qu'estimer. — Votre conduite cependant n'est point une preuve d'estime. — Ma.... conduite? — Vous devez m'entendre? — Nullement, je vous jure. — Vous êtes bien mystérieux, et c'est une véritable injure pour moi. — Daignez m'expliquer, de grâce. — Allons, allons (*en colère*) rendez-moi ce portrait? — Je n'ai point l'intention de le garder. — Ni le talent de le mériter. — Ha çà, ma chère hôtesse, pardon de ma réflexion; mais jouons-nous ici la comédie? — Si quelqu'un la joue, à coup-sûr ce n'est pas moi. — Ni moi non plus. Certainement, je ferais un acteur très-ridicule, si, à mon âge, j'allais former une passion, quelque belle que fût la personne qui la causât. — Qui vous parle ici de passion, monsieur? qui vous dit qu'on prétende à être aimée? — Pardon; ce portrait... — Eh bien, c'est un oubli d'un de mes gens: il vous déplaît, vous me le rendez, rien de plus naturel. — Ha, ha, ha, madame! il me déplaît, vous me rendez bien peu de justice. — Et vous, monsieur, vous m'estimez bien peu pour jouer aussi long-temps le rôle que vous prenez ici. — Voilà encore de l'obscurité. Au surplus, madame, permettez-moi de me retirer, de me remettre en route,

et vous n'aurez plus sous les yeux un homme qui, je ne sais pour quel motif, vous paraît insupportable.
— Monsieur.... vous êtes le maître.
— Adieu, madame.

Mon père salue profondément madame de Linval, qui paraît être très-piquée; il monte me rendre compte de cette conversation énigmatique, à laquelle nous ne pouvons rien concevoir; et nous nous occupons soudain des préparatifs de notre départ.

## CHAPITRE XIV.

*Intrigue épistolaire.*

Pendant que mon père était dans ce singulier tête-à-tête avec notre hôtesse, j'éprouvais des sentimens bien délicieux, et il semblait que l'amour voulût en même temps attaquer et le père et la fille. J'étais descendue seule au jardin, rêvant, sans

former précisément des réflexions, et pensant peut-être confusément aux deux mots d'éloges que mon père avait dits en passant du jeune Saint-Ange. Guidée par ma rêverie, je m'étais enfoncée dans un bosquet touffu pour y respirer la fraîcheur de l'ombre, lorsque j'aperçus un livre ouvert à moitié, mais par terre, et paraissant oublié. Je le ramasse, et je vois que c'est l'*Art d'aimer de Bernard*. Pendant que je le parcours en marchant, et les yeux fixés sur ce livre, une voix douce me tire de ma méditation; c'est celle de Saint-Ange. Pardon, mademoiselle, me dit-il, j'avais oublié ce livre ici, et je revenais le chercher; mais s'il peut vous intéresser, je vous prie de le garder. — Moi, monsieur? lui dis-je machinalement en lui tendant le livre. — Le sujet en est beau, mademoiselle, et digne de votre attention. C'est.... l'*Art d'aimer!* — Je ne croyais pas, monsieur, qu'on pût soumettre à l'art le plus beau
sentiment

sentiment de la nature ? — Tous les sentimens sont des vices ou des passions, quand ils ne sont point assujettis aux lois de la délicatesse. — J'aime à croire, monsieur ; et d'ailleurs je n'ai point lu ce livre, et je ne connais point le sujet que son auteur y a traité. — Vous n'avez jamais connu l'amour, mademoiselle ? — Monsieur n'a pas cru sans doute que je répondrais sérieusement à une pareille question. — Ah, mademoiselle ! que ne puis-je en badiner comme vous ! Depuis votre séjour ici..... — Pardon, monsieur ; je vais rejoindre mon père. — Et vous ne daignez pas m'écouter, mademoiselle ? Je brûle pour vous ; je vous adore, et pour la première fois, tous les feux de l'amour sont concentrés dans mon cœur ardent ! Un mot, mademoiselle, ah ! un seul mot ! — Monsieur, monsieur, dois-je vous répondre ailleurs que devant mon père !... — Et toujours votre père ! J'ai un oncle, moi, et je me passe bien de sa présence pour exprimer mes sentimens !....

Je ne pus m'empêcher de sourire à cette naïveté. Il voulut saisir ma main, je la retirai; et, malgré ses prières, ses protestations, je revins jusqu'à la maison, où il me suivit, en me jurant que, malgré mon insensibilité, il me forcerait à répondre à son amour. Je trouvais sa menace peu délicate, et je m'enfermai chez moi, combattant néanmoins entre le devoir, la décence et l'amour qui commençait à pénétrer mon cœur. Saint-Ange était bien fait, aimable, plein de grâces et d'esprit. Il me plaisait, en un mot, et je sentis que son image, en vain repoussée par ma faible raison, était pour jamais fixée dans mon cœur par l'estime et par la tendresse.

Je réfléchissais sur cet état nouveau pour moi, lorsque mon père entra, ainsi que je te l'ai déjà dit, et m'ordonna de l'aider à préparer tout pour notre départ.

Il était près de midi; nous allions donner les ordres aux domestiques pour transporter nos effets à la voiture, lorsque mon père reçut un petit billet ainsi conçu :

« Si vous faites cas de l'estime
» particulière que j'ai pour vous,
» et de la réception que je vous ai
» faite dans ma maison, vous diffé-
» rerez votre départ jusqu'à ce qu'un
» entretien que je vous demande,
» et dont je prescrirai l'heure et le
» lieu, vous mette à même de me
» rendre justice, et vous dévoile
» enfin à mes yeux. J'attends cet
» égard d'un homme qui a l'usage
» du monde, et qui doit ne rien
» savoir refuser à une femme. »

Ursule de Linval.

« Nous aurons beaucoup de monde
» à dîner; je vous placerai près de
» moi. »

Mon père relut deux fois ce billet singulier; et souriant de l'air de l'ironie, il s'écria : cette femme est folle assurément, et je ne me suis pas trompé sur la négligence de ses mœurs. Est-ce sérieusement qu'elle veut me faire le héros d'une aventure galante ? Je ne devrais pas en parler si haut devant ma fille ; mais c'est qu'en vérité cela est si extraordinaire !... Et d'ailleurs, cette femme n'a point le ton d'une femme perdue. Il y a ici un quiproquo, à coup sûr; il y a du mal entendu de sa part ou de la mienne ; voyons, attendons encore l'explication qu'elle me demande. Au surplus, cette intrigue m'amuse, me distrait, et il me paraît plaisant de la dénouer. Laissons toujours ces paquets ainsi arrangés : ce soir ou demain au plus tard, notre départ aura lieu. Voyons cependant ; répondons à ma belle !...

Mon père sourit, et cet instant de gaieté, le premier qu'il ait eu depuis la mort de ma mère, me fit un sensible plaisir. A cette satisfaction intérieure, je dois te l'avouer, ma bonne Jeannette, se joignait encore celle que je ressentais de rester, de revoir Saint-Ange. Il m'en eût coûté de quitter cette maison, sans espoir de jamais rencontrer celui que je commençais à aimer. Je me servis donc du voile du badinage pour déguiser l'excès de ma joie, et je fis à mon père des complimens sur sa nouvelle conquête, en l'engageant à répondre du style d'un amant soumis; mais il ne suivit pas mon avis, car le style de son billet ne fut rien moins que léger et galant. Voici ce qu'il écrivait à la dame :

« Ce qui m'arrive me paraît si
» extraordinaire, madame, que je
» ne sais qu'en penser. Vous me
» chassez, et vous me retenez. Je
» me rappelle d'avoir été autrefois
» l'objet de ce petit manége; mais
» il n'est plus fait pour mon âge,
» ni pour la nature de mes senti-
» mens. Vous voulez que je reste
» cependant? Eh bien, madame,
» je vous obéirai, et j'attendrai avec
» soumission l'instant d'une expli-

» cation que je désire plus que vous
» ne le pensez. »

Il signa ce billet, et l'envoya. Un quart-d'heure après, nouveau billet de la part de la dame.

« Tu te trahis, ingrat, en disant
» que tu désires plus que moi l'ex-
» plication que je t'ai demandée. Je
» t'ai deviné dès le premier moment
» que tu as mis les pieds dans cette
» maison. Il n'est plus temps de
» feindre; tu déchireras le voile que
» tu as pris, ou tu me prouveras,
» par ton silence, un mépris trop
» injuste pour que je l'aie mérité. »

*Tu, toi!* voilà du tutoiement à présent! dit mon père. Oh! mais cela devient sérieux. Je crains, ma fille, de ne pouvoir confier à ton innocence la suite de cette aventure, digne des plus preux chevaliers. Quoi qu'il en soit, je me suis résigné à tout. — Je commence à croire, lui dis-je, qu'on vous prend pour un autre. Comme vous l'avez fort bien dit, il y a un quiproquo dans cette affaire, et que le temps éclaircira.

Nous nous amusâmes long-temps, nous deux mon père, de ce genre de folie de notre hôtesse; et, la cloche du dîner nous appelant près d'elle, nous descendîmes dans la salle à manger, où nous vîmes beaucoup de monde. Duvillier, Lornevil, tous les chasseurs de la veille étaient là; mais la seule personne que mon cœur devina, que mes vœux distinguèrent avant tout, fut Saint-Ange, dont les regards inquiets, en cherchant les miens, semblaient me demander si j'étais encore courroucée de son audace du matin. Mes yeux lui apprirent qu'ils n'en voulaient à personne, et dans cette amnistie générale, Saint-Ange ne vit que son pardon en particulier.

Madame de Linval plaça, en effet, près d'elle mon père, qui, ne sachant comment la regarder, avait des envies fréquentes de sourire en me lançant des regards à la dérobée.

Le grand Duvillier parut très-piqué de la préférence accordée à M. d'Eranville, et je l'entendis même dire tout bas à Lornevil : Elle a sans doute des raisons que je saurai pénétrer.

Duvillier, qui, par l'effet du hasard, était placé près de moi, affecta de me parler beaucoup, de me faire des complimens les plus flatteurs ; et je remarquai que cette conduite de Duvillier fit pâlir plusieurs fois la jalouse madame de Linval : elle en témoigna même son dépit si visiblement, qu'elle m'adressa quelques mots fort durs, auxquels Duvillier me répliqua par des fadeurs outrées. Ce petit jeu ne me plaisait pas du tout, et je vis qu'il faisait souffrir également le sensible Saint-Ange, placé en face de moi : il se leva même de table, et sortit sans doute pour cacher l'impression douloureuse que ses traits en éprouvaient. Son oncle l'appela ; il revint ; et, au dessert, le manége doucereux de Duvillier, la jalousie de madame de Linval, tout cela devint si clair, que le reste de la société s'amusa ouvertement de ces êtres ridicules. Mon père, à qui rien n'échappait, saisit cette occasion pour glisser quelques mots satyriques à l'oreille de sa voisine, et l'on se leva de table, où chacun avait souffert, pour dire, en bâillant, qu'on allait danser.

Le bal s'ouvrit, et ce fut pour aggraver la peine de M$^{me}$ de Linval. D'abord Duvillier vint m'inviter à danser avec lui : je ne sais comment j'eus la hardiesse de lui dire que j'étais retenue, quand je ne l'étais pas en effet ; mais j'avais pris le parti, ou de ne pas danser du tout de la soirée, ou de commencer le bal avec Saint-Ange. Duvillier, pour narguer madame de Linval, ne l'invita point : il fut à une petite provinciale assez gauche, qui l'accepta, toute orgueilleuse d'être préférée à la maîtresse de la maison. Pour Saint-Ange, il s'approcha de moi ; ce qui me fit grand plaisir, et me dit d'un air timide : On dit, mademoiselle, que vous êtes retenue ?... — Mais par vous, je crois, monsieur, lui répondis-je, sans penser à ce que je disais : soudain la réflexion me vint, et j'ajoutai : Je croyais que tantôt vous m'aviez proposé,.... me serais-je abusée ? — Non, oh non, mademoiselle, et je me trouve bien heureux d'obtenir cette préférence sur tant de rivaux que j'ai ici ! — Vous n'avez rien à en craindre, monsieur ; mon cœur n'est plus capable d'en distinguer un seul. — Charmant aveu ! — Quoi, monsieur ! vous prenez pour un aveu ?...

Je fus interrompue ici par l'appel des danseurs, au nombre desquels se trouva à la fin madame de Linval, invitée par Lornevil. Elle était si piquée néanmoins, qu'elle dansa mal, gronda les violons, critiqua tout le monde ; et, pour l'achever, le peu d'étude que j'ai mise à l'art de la danse, me fit tellement remarquer, que tous les hommages se tournèrent sur moi pendant cette soirée assez agréable, où j'affectai de danser également avec chaque cavalier, pour ne point nourrir l'espoir de Saint-Ange, ni faire remarquer ce que j'avais tant d'intérêt à cacher.

Cette fête terminée, nous nous retirâmes nous deux mon père, qui m'apprit que le fameux entretien demandé par madame de Linval, devait avoir lieu le lendemain matin dans son boudoir. Le choix du lieu fit rire mon père, qui se coucha avec plus de gaieté qu'à son ordinaire.

## CHAPITRE XV.

*Les voilà d'accord.*

Tu as connu, ma chère Jeannette, M. d'Eranville et ma mère? tu sais qu'autant ma mère était susceptible, et même outrée sur les convenances sociales, autant mon père, avec de l'honneur sans doute, était léger sur ces mêmes convenances. Vertueux par caractère plus que par principes, mon père riait des folies des autres, et les excusait même, parce qu'il savait que s'il fût né avec des passions, il en aurait fait tout autant que ceux que le monde blâmait. Ma mère poussait jusqu'à la rigueur la pratique des vertus. Mon père les observait toutes en applaudissant ceux qui les traitaient de ridicules: ma mère, en un mot, avait un caractère fort énergique, et mon père n'en avait point.

Tu me blâmeras peut-être, Jeannette, de parler avec tant de liberté des auteurs de mes jours; mais je dois à l'un mon amour pour les mœurs; et malheureusement, c'est sous les yeux de l'autre, peut-être par le peu de sévérité de ses principes et de son exemple, que j'ai manqué, quoique sans le vouloir, à toutes les règles de l'honneur. Ma mère m'a abandonnée à l'âge des passions,

passions, sur le bord du précipice, et mon père ne m'a point tendu la main pour m'empêcher d'y tomber. Revenons à mon récit.

A peine fus-je éveillée, que je vis entrer mon père dans mon appartement. Ma fille, me dit-il, un billet singulier vient de frapper mes regards à mon réveil. On m'y annonce que votre cœur s'est laissé toucher par les propos flatteurs d'un des habitués de cette maison : on ne me l'a point nommé ; mais, si j'en juge d'après ce qui s'est passé hier, ce séducteur ne peut être que M. Duvillier. — Mon père... avant de prononcer, daignez me communiquer ce billet, anonyme sans doute. — Oh! très-anonyme, et d'une écriture qui m'est absolument inconnue. Le voici :

Je prends le billet, et lis :

« Vous qui voulez éprouver les
» autres, vous qui vous croyez un
» sage par excellence, et qui fuyez
» les nœuds de l'hymen, dans la

» crainte de rencontrer une compa-
» gnie peu digne de vous, songez
» aux dangers auxquels votre célibat
» volontaire expose votre fille. Un
» séducteur l'a rendue sensible à
» son faux amour : elle brûle pour
» lui ; et, si vous ne lui donnez une
» seconde mère, votre fille tombera
» dans un piége dont elle et vous-
» même serez à jamais les victimes.
» Recevez cet avis d'un ami de la
» maison que vous habitez. »

Je restai interdite, après avoir lu ce fatal billet : une sueur froide glaça tous mes membres, et il me fut impossible de prononcer d'autres paroles que ces deux mots: Le monstre !

Quel est-il, ma fille, me demanda doucement mon père, ce monstre que vous accusez ? Qui supposez-vous capable de m'avoir donné cet avis ? — Je n'en sais rien, mon père ; mais si ce n'est pas madame de Linval, c'est quelqu'un d'aussi méchant qu'elle. — Madame.... de

Linval!... Il ne s'agit pas ici, Cécile, de méchanceté ; il est question de savoir si l'avis qu'on me donne est vrai, si ce freluquet de Duvillier....

J'interromps mon père, profitant avec joie de son erreur : Duvillier, mon père! Et quoi! vous rendez assez peu de justice à votre fille pour la croire capable de s'attacher à un étourdi de cette espèce ! — Ce n'est donc pas Duvillier, ma fille? Mais qui est-ce donc? car je ne vois ici que ce jeune homme qui puisse être accusé de séduction, de perfidie : d'ailleurs, il vous a peu quittée hier de la journée. — Eh, mon père, en croyez-vous ces faux rapports? Ne voyez-vous pas que cet avis controuvé ne vous est donné que pour vous préparer à l'entretien secret que M<sup>me</sup> de Linval veut avoir avec vous? Cette femme sait peut-être que vous êtes veuf, et vous croit riche ; elle veut vous épouser. En vérité c'est une maison infernale que celle-ci !

Mon père reste un moment pensif ; puis, après un silence, il me dit : Cécile, vous tiendrez de votre mère pour la sagacité, pour la prévoyance. Vous l'avez trouvé, oui, je crois que vous l'avez deviné..... à moins que, voulant me donner le change sur.... — Allez, mon père, allez entendre cette femme dont la démence ou des projets bien noirs guident la conduite, et vous reviendrez, guidé par la confiance dont vous m'honorez, me dire : Cécile, tu m'as éclairé sur les perfides qui voulaient te noircir à mes yeux : ton père te rend justice ; il sait qu'il est ton ami, ton premier confident, et que ton cœur ne peut se donner qu'à un époux de son aveu, et digne de le posséder !....

M. d'Eranville, ému par cette sortie énergique, me prit dans ses bras, et me serra étroitement contre son sein. Ma fille, s'écria-t-il, ma Cécile ! oh ! tu seras toujours digne de moi, et tu es bien faite pour remplacer ta mère dans mon cœur....

Allons, voyons cette femme : mais soudain, tantôt, Cécile, nous quitterons cette demeure, où les mœurs, l'innocence, la candeur, la réputation, tout est en danger!... Adieu, ma Cécile : embrasse ton père, et crois qu'il t'estime, qu'il t'aime toujours !

Sûre d'avoir ramené l'auteur de mes jours à des sentimens plus dignes de moi, je le pressai contre mon cœur, et il descendit chez madame de Linval.

A peine était-il parti, que je vis entrer chez moi Saint-Ange lui-même. Quelle fut ma surprise, quel fut mon trouble, en voyant qu'il se permettait une démarche aussi hardie, aussi dangereuse pour moi, après ce qu'on avait écrit à mon père, et qui ne pouvait concerner que lui! Monsieur, lui dis-je troublée, je ne sais qui vous permet de venir.... Souffrez que je sorte. — Oh non ; restez, belle Saint-Brice, restez ! Je ne veux être pour vous qu'un amant passionné, mais respectueux et soumis. Donnez-moi donc une preuve de cette soumission, monsieur, en vous éloignant sur-le-champ. — Je suis prêt à vous obéir, charmante personne; mais avant, jurez-moi que vous ne me haïssez pas? — Cette question, monsieur, est si fade, si rebattue dans les romans et dans les drames, que je ne puis y répondre : n'est-il pas de nuance entre adorer et haïr...? — Il n'en est point pour les amans: qui n'adore pas, hait, déteste, et l'amour ne peut se contenter d'un sentiment intermédiaire. — Enfin, monsieur, que désirez-vous? que voulez-vous? — Entendre un seul mot de votre bouche, et je me retire. — Ce mot?.... — Est-il si difficile à prononcer? Quand je vous répète cent fois, je vous adore, ne pouvez-vous me dire ces trois mots si doux: Je vous aime? — Eh mais! à quoi me servirait cet aveu? Sais-je qui vous êtes? me connaissez-vous?

pouvons-nous nous flatter d'être unis? — Qui nous en empêcherait? L'enfer même n'aurait pas de barrière assez forte pour nous séparer de vous! pour me séparer du moins; car je ne puis ici parler que de moi. — Vous n'avez point répondu à ma question? Vous flattez-vous, par votre naissance, par votre état, de mériter le consentement de mon père?..... — Hélas!.... Ce serait peut-être le plus facile à obtenir. — Vous soupirez, Saint-Ange! Vos yeux même se baignent de larmes! Vous ne croirez jamais à quel point vous m'intéressez. — Adorable personne!.... — Vous n'êtes donc point libre de votre main? — Oh! je.... je le serai. — Et vous voulez me faire partager une flamme dont vous n'êtes point le maître de régler le cours! Fuyez-moi. — Que je vous fuie! — Laissez-moi ma liberté. — Rendez-moi donc la mienne.

Il pleurait, Jeannette, il pleurait, ce beau jeune homme! Dis, à ma

place, n'aurais-tu pas été attendrie? J'essuyai ses larmes, Jeannette; j'eus la faiblesse de lui avouer qu'il ne m'était pas indifférent, et nous nous entretînmes long-temps des douceurs de l'amour. Il me quitta enfin en me jurant qu'il me donnerait bientôt des preuves du sien......
Il m'a tenu parole, Jeannette; mais quelles preuves, grand Dieu!.... et comment me les a-t-il données!..... Poursuivons.

Mon père rentra : l'entretien annoncé avec tant d'importance, et désiré si long-temps, n'avait abouti qu'à faire connaître à M. d'Eranville l'erreur dans laquelle on était sur son compte, et que j'avais su deviner. Voici quel fut ce grand entretien.

Mon père entre d'un air très-froid et très-sérieux : Madame, je me rends à vos ordres.—Ah! vous voilà, monsieur.... monsieur de... Saint-Brice, comment? n'est-ce pas là votre nom? — Madame... — Vous changez de couleur? on ne m'a donc pas trompée? — Vous aurait-on parlé de moi? — Beaucoup, oh, beaucoup. Je vous connais, enfin; et c'est assez vous dire que ma fierté a droit de s'irriter de l'espèce de mépris que vous me témoignez. — Du mépris, madame? — Oui, monsieur, du mépris, et sur-tout un manque absolu de confiance. Puisque vous m'aviez vue, puisque vous m'aimiez, fallait-il prendre ces détours indignes d'un galant homme? Qu'est-ce que c'est que ce changement de nom; ce prétexte de venir chercher ici madame Durocher, dont vous ne devez pas ignorer la mort? Pourquoi enfin tous ces déguisemens, tous ces mystères? Sans parler encore d'un autre, sur lequel je me tais, mais qui excite justement ma jalousie et mon indignation!... — Madame, tout ce que vous venez de me dire est tellement obscur pour moi, qu'il m'est impossible d'y répondre. — Saint-Brice est-il votre nom ? Parlez.... Vous vous troublez ? — Cet interrogatoire me fatigue à la fin. Vous n'avez pas plus le droit de me le faire, que moi je ne dois avoir la patience de l'entendre. Je vois que vous me prenez pour un autre, ou que votre esprit est dérangé. Adieu, madame. — Non, traître, tu ne sortiras pas. Tu ne me taxeras pas inutilement de démence ; et si je t'ai plue, si je t'adore, j'aurai raison au moins de ta perfidie à mon égard. — Il est fort, par exemple, de m'entendre appeler perfide après quarante ans d'une probité à toute épreuve. — Voyons, ingrat, voyons ? Je vais trancher le mot, et si tu persistes à me tromper, rien ne pourra te soustraire aux effets de ma haine. Regarde-moi bien, là... Oses me dire que tu n'es pas Dormon ? — Dormon ? —Oui, Dormon. Tu restes interdit ? — Et quoi, madame ! Dormon, ce riche financier qui a plus de cent mille écus de rente ! vous me prenez pour lui? — J'ai tort, n'est-ce pas? — Et mais, vous ne l'avez donc jamais vu? — Ajoute de nouveaux détours. — Dormon est bien plus grand que moi : vous l'attendiez ici apparamment? — Oui, et j'ai été trompée dans mon attente.—Ah ça, c'est une plaisanterie dont, en vérité, je ne puis m'empêcher de rire.

M. d'Eranville éclate, et la dame furieuse l'accuse d'ajouter l'ironie à l'outrage. Mon père, voyant qu'elle persiste dans son erreur, se lève pour sortir, en s'écriant : Eh bien, madame, je suis ce Dormon que vous attendiez, dont apparamment vous ambitionnez la main et la fortune ; mais votre conduite vous retire pour jamais mon cœur, et je vais sur-le-champ retourner à Paris, où assez d'autres belles se feront un bonheur de me subjuguer sans me tyranniser.

Mon père sort en disant ces mots que lui dicte cette situation plaisante ; et il en rit encore en me racontant ce bizarre *quiproquo*, dont cependant nous ressentons les effets sans en avoir la clef. Il est sérieusement question de partir, de quitter cette folle et sa bruyante société : mon père m'en presse ; et, malgré la douleur que me cause la certitude où je suis de ne plus revoir mon cher Saint-Ange, il me faut obéir. Déjà les domestiques se mettent en devoir de transporter nos effets.... Un nouvel incident vient pour la seconde fois suspendre ce départ, et combler mes vœux.

## CHAPITRE XVI.

*C'est un tour affreux.*

Monsieur, s'écrie une femme qui se présente dans le plus grand trouble ; monsieur, daignez m'entendre, et me permettre de reconquérir votre estime ; que ma funeste étourderie m'a fait perdre sans doute.

C'est madame de Linval qui s'exprime ainsi : mon père la fait asseoir. Il voudrait pouvoir m'éloigner; mais la rapidité des discours de madame de Linval lui en interdit la faculté. Monsieur, poursuit cette femme, j'ai mille, oh mais un million d'excuses à vous demander. Je vois que je me suis abusée à un point.... Vous n'êtes pas Dormon, je le vois, je le sais ; je viens de m'en convaincre ; et, franchement, je vous ai pris pour lui. Votre air, vos traits, des avis secrets, tout m'avait plongée dans une erreur qui m'a fait commettre des imprudences coupables. J'ai même, convenez-en, franchi à vos yeux les bornes de cette décence, de cette retenue qui font l'apanage le plus aimable de mon sexe. Dans la certitude que vous m'aimiez, et que vous ne veniez sous un nom supposé que pour m'éprouver, pour juger de ma conduite, je vous ai fait parvenir mon portrait, je vous ai fait même des avances qui m'ont bien compromise. Pardon, monsieur, mille pardons; mais si vous daignez fermer les yeux sur cette extravagance, m'en promettre un secret inviolable, j'ose exiger de vous que vous me donniez le temps de réparer mes torts, de regagner votre estime. Vous me devez cette complaisance, et mes torts me donnent le droit de l'exiger. De grâce, monsieur, veuillez me donner encore deux ou trois jours de votre temps; restez avec moi. Loin de toute société, de toute dissipation, je veux m'attacher à vous prouver que ma raison et mon esprit sont plus solides que je ne vous ai donné lieu de le penser. Plus de Dormon, plus d'erreurs; c'est un ami que je veux en M. de Saint-Brice; et il n'est pas assez inhumain pour refuser d'entendre la justification d'une femme coupable.

Mon père, dont le cœur était franc et confiant, crut voir de la franchise dans cet amendement de madame de Linval : il s'efforça de lui prouver que le terme de coupable, dont elle se servait, était trop fort; qu'il n'y avait eu dans tout cela qu'une erreur bien légère.— Eh, monsieur! répliqua la rusée, sans cette erreur qui m'aveuglait, vous aurais-je retenu avec tant d'instance le premier jour que vous vous présentâtes chez moi?... aurais-je employé depuis mille moyens pour vous y garder ? vous aurais-je adressé des demi-confidences, insignifiantes pour vous, mais cependant intelligibles pour moi ? enfin, malgré toute l'estime que vous inspirez et que vous méritez, vous aurais-je traité si vîte en amant attendu et favorisé? Vous voyez que s'il y a de la légèreté de ma part, il y a aussi dans tout cela un jeu du hasard bien singulier, et qui vous étonnera le premier, quand je vous raconterai ce qui a donné lieu à cette méprise.... Monsieur, vous m'avez dit plusieurs fois qu'aucune affaire pressante n'exigeait, ne réglait vos voyages ; accordez-moi la grâce que je vous demande. Deux jours encore, deux jours seulement ; et si ce n'est pour moi, ni pour vous, que ce soit pour cette charmante enfant, qui nous est si nécessaire ici, dont les grâces, les talens et l'aimable caractère font le charme de nos réunions ! Obtiendrai-je de vous cette faveur ?

Mon père, naturellement peu ferme en ses projets, balance un moment à répondre, ses yeux semblent me consulter ; mais les miens se baissent pour ne pas y laisser lire le désir que j'éprouve de prolonger mon séjour dans un lieu dangereux peut-être pour l'innocence, mais où l'amour voudrait toujours me fixer. Je ne réponds rien ; et mon père, prenant mon silence pour un aveu, touché d'ailleurs du ton honnête et pénétrant de madame de Linval, qui lui demande l'oubli de ses extravagances, mon père consent à prolonger son séjour; et voilà, pour la seconde fois, nos malles remises à leur place, en stagnation.

Je dois te faire remarquer, Jeannette, que, moi qui observais attentivement madame de Linval, sa joie secrète et maligne ne m'échappa point, quand mon père lui promit de souscrire à ses vœux. Elle se pinça les lèvres, et changea même de couleur, lorsqu'elle remarqua l'attention que je mettais à suivre ses moindres mouvemens; mais, en habile politique, elle se remit, fit mille remercîmens à mon père, et me *mangea* de caresses; car c'est le mot dont il faut se servir avec une femme aussi fausse. Elle se retira donc, et nous restâmes.

A présent, Jeannette, je dois te mettre au fait du caractère, des intrigues et des projets de cette femme vile et méprisable; et tu vas voir dans quel piége l'imprudence de mon père avait conduit l'innocence de sa malheureuse fille. Ecoute-moi avec attention : tout ce que je vais te raconter, je ne l'ai su, pour mon malheur, que bien long-temps après.

Madame de Linval était une de ces femmes de moyenne vertu, qui, veuves de bonne heure, se jettent dans la coquetterie, et dans tous les travers possibles pour briller. Madame de Linval, après avoir mené à Paris une vie assez dépravée, avait eu le bon esprit d'amasser quelques rentes ; et elle vivait depuis trois ans dans une maison de campagne très-vaste et très-belle, qu'elle avait achetée au village de d'Orneval, près d'Abbeville. Là, et pour ses menus plaisirs sans doute, elle recevait une cour infinie de jeunes libertins, de vieux escrocs et de femmes de son genre. Duvillier était l'amant du jour ; et Lornevil, ainsi que les autres, attendaient leur tour, qu'ils savaient ne devoir pas être long. Cependant une madame Dumérel, dont elle avait enlevé l'amant, jalouse et furieuse à l'excès contre madame de Linval, imagina, pour se venger d'elle, un moyen assez plaisant, mais, hélas! dont je devais être la triste victime!...

Tu sais, Jeannette, qu'à Paris les sociétés sont composées de toutes sortes de gens? Cette madame Dumérel, qui faisait la prude et la femme honnête, allait dans une maison des amis de mon père. Là, elle entend dire que M. d'Eranville va partir avec sa fille pour sa terre près Abbeville, et qu'il ira rendre ses devoirs à une dame Durocher, son ancienne amie, qui demeure au village d'Orneval. Madame Dumérel sait que cette dame Durocher est morte; que c'est son ennemie, madame de Linval, qui a acheté sa maison; et là-dessus, elle dresse ses batteries pour jouer un tour à sa rivale, lui enlever ses amans, et la mystifier. Mais cette méchante femme ne pense pas qu'elle compromet un père de famille respectable, et sa fille vertueuse; ou, si elle y pense, elle s'en moque : tout lui est indifférent pourvu qu'elle se venge.

Il n'était bruit à Paris que de la fortune immense de Dormon le financier, et de ses regrets d'avoir perdu son épouse. Dormon passait néanmoins pour un épicurien, ami du plaisir et des femmes. Madame de Linval ne l'avait jamais vu, et ne le connaissait que de réputation. La Dumérel écrit à celle-ci, avec le style de l'amitié, qu'elle est bien heureuse, que, dans le dernier voyage qu'elle a fait à Paris, Dormon l'a vue au spectacle; que Dormon est devenu amoureux fou de ses charmes, et qu'il ne parle rien moins que de l'épouser, etc., etc. Cette nouvelle tourne la tête à madame de Linval : elle remercie, par écrit, sa fausse amie, de l'intérêt qu'elle lui témoigne en lui apprenant tout cela, et la prie de lui marquer ce qu'il faut qu'elle fasse pour profiter de cette fortune.

La Dumérel lui récrit ces mots

qui font la base de toute sa conduite avec mon père et avec moi.

« Ma chère amie, en vérité,
» quand je pense au service que je
» te rends, je suis convaincue qu'on
» n'en croira jamais notre sexe
» capable. Moi, qui aurais tant de
» motifs pour t'en vouloir, c'est
» moi qui m'intéresse à ta fortune,
» aux dépens même de la mienne !...
» Mais n'importe, il faut rendre le
» bien pour le mal; et d'ailleurs,
» je n'ai pas tant de charmes que
» toi pour fixer le cœur de M. Dor-
» mon, qui me voit comme son
» amie, et toi comme une amante,
» une épouse future. Cependant,
» mon amie, ce financier est diffi-
» cile, scrupuleux et bizarre. Ima-
» gine-toi, ma chère, qu'avant de
» se déclarer, de t'offrir sa main,
» il a formé le projet le plus fou, le
» plus extravagant !... Si je ne t'en
» prévenais pas, tu pourrais en être
» la dupe; il faut donc, pour ton
» bien, que je te le dévoile, et j'es-

» père qu'un jour ta fortune et ton
» bonheur seront les doux fruits de
» mes soins : voici le fait.

» Dormon doit se présenter chez
» toi, à d'Orneval, sous prétexte
» de demander une dame Durocher,
» à qui appartenait avant toi ta
» maison. Il prendra un nom sup-
» posé ; et, si tu le retiens, s'il par-
» vient, selon son désir, à passer
» quelques jours chez toi, tu le
» verras t'épier, t'éprouver, toujours
» sous un nom supposé, et il ne
» s'ouvrira à toi, que s'il te juge
» digne de sa main. Prends bien
» garde à le ménager, à ne point
» sur-tout lui faire entendre que tu
» es au fait de la ruse dont il se sert ;
» car alors il deviendrait furieux,
» et nul espoir ne te resterait. Je te
» préviens, en outre, qu'il sera ac-
» compagné d'une jeune personne
» de dix-huit ans environ, brune,
» jolie, remplie de talens, qu'il fait
» passer pour sa fille ; mais au fond,
» on sait ce qui en est. Tu penses

» bien qu'il se gardera de dire à ce
» tendron le motif de sa visite chez
» toi : ainsi sa jolie maîtresse ne
» saura rien. Ne fais rien paraître,
» ma chère bonne ; et, comme tu
» sais qu'il aime le plaisir, réunis
» chez toi des fêtes, des bals, bonne
» société, en un mot; mais sans
» inconséquence! tu m'entends?
» Adieu, ma toute belle! arrange-
» toi là-dessus. Dormon, homme
» de cinquante à cinquante-deux
» ans, brun, bien fait, sombre,
» taciturne ; sa... fille, si tu veux ;
» dix-huit ans, jolie, mais gauche
» et pincée ; et tout cela deman-
» dera, sous un faux nom, la Du-
» rocher, dont ils feindront d'igno-
» rer la mort. Si tu te tires bien de
» cette épreuve, ta fortune est faite;
» entends-tu bien? Adieu, encore
» une fois, ma belle et bonne : je
» t'aime à la folie. »

PULCHERIE FARE DUMEREL.

Ici Jeannette ne put s'empêcher

d'interrompre Cécile, pour lui exprimer son indignation et son effroi. O dieu, ma chère maîtresse, s'écria-t-elle, quel complot! vous passiez là pour la maîtresse d'un financier! Ah! tout mon sang se glace. Quel sera le résultat de cet odieux mensonge?—Le malheur le plus grand, ma chère Jeannette! Ecoute-moi; nous y touchons.

## CHAPITRE XVII.

*Comment avouer cela.*

Tu devines bien, mon amie, que, d'après une pareille lettre, madame de Linval ne put pas douter un moment, en nous voyant paraître chez elle, que nous ne fussions, mon père, le mystérieux financier Dormon, et moi la jeune personne jolie, mais gauche, qui passait pour sa fille. De-là tant d'égards, d'instances pour nous forcer de rester; puis l'envoi du du portrait à mon père, et ces demi-confidences, ces entretiens fameux, en un mot, tout ce manége d'une coquette piquée de ce qu'un homme prend des détours pour l'éprouver. Le billet par lequel on avertissait mon père des dangers que je courais avec un séducteur, était aussi dicté par elle : c'était un moyen de rendre suspecte à Dormon la fidélité de sa maîtresse, et de fixer les regards sur l'aimable objet qui voulait le séduire. Madame de Linval s'était aperçue de la passion naissante de Saint-Ange, et c'était de lui dont elle voulait parler dans son perfide billet.

Je n'ai jamais conçue, par exemple, comment le commandeur et son neveu se trouvaient dans cette maison suspecte. Cependant, si l'on en croit certaine chronique ancienne sur le commandeur, il n'était pas étranger tout à fait à la maîtresse du logis. Quant au neveu, il suivait son oncle, à qui il était soumis ; et tu verras bientôt que, malgré la pureté de son cœur, ses mœurs se ressentaient de l'air qu'on respirait dans cet asile de la débauche....... O ma mère! vous n'y auriez pas laissé votre fille une seule minute!...

D'après le dernier entretien dans lequel elle avait demandé à mon père s'il n'était pas Dormon, quoique mon père eût nié, eût plaisanté même de son erreur, madame de Linval ne fut pas détrompée; mais persuadée que le prétendu Dormon rejetait sa main, et la dédaignait puisqu'il vouloit la fuir, cette femme scélérate avait médité une vengeance horrible. Pour l'exécuter, il fallait nous engager à rester deux jours de plus, et c'est ce qu'elle obtint du trop facile d'Eranville. Enhardie par cette promesse, persuadée plus que jamais que mon père est Dormon, et moi.... une prostituée apparamment; car il faut dire ce mot, quoiqu'il me fasse rougir, la méchante de Linval fait soudain assembler son comité de débauchés, composé de Duvillier, de Lornevil, et d'une femme digne de ces scélérats. Là, elle leur raconte, en versant des larmes de dépit, que le malheur des temps, son peu de fortune, l'ont engagée à rechercher la main du riche Dormon, qui même était devenu amoureux d'elle. Elle leur apprend tout ce qui s'est passé entre Dormon et elle depuis qu'il est dans sa maison, et finit par implorer leur secours pour se venger d'un volage et d'une petite fille qui le domine. — Ma foi, dit Duvillier, c'est sur la petite fille que je voudrais me venger. — Et moi aussi, ajoute Lornevil.

L'idée de se venger sur la petite fille fait rire ces dames aux éclats; et le complot se forme, ainsi que tu vas le voir exécuter. Tu frémis, Jeannette! dans un moment tu me plaindras bien davantage!

Le soir, à souper, madame de Linval, qui, depuis le matin avait changé de ton, de caractère avec nous, demanda à mon père s'il persistait dans son projet de partir le surlendemain? — Madame, lui répondit mon père, je serais parti aujourd'hui sans la promesse que je vous ai faite, je ne sais pourquoi, de rester deux jours encore. — Vous ne savez pourquoi, monsieur? Ma conduite vous le dira, ce *pourquoi* singulier qu'un homme honnête comme vous n'aurait pas dû laisser échapper de sa bouche. Pardon, monsieur de ce léger mouvement de ma sensibilité; ce sera le dernier!...

Mon père ne répondit rien : il m'a avoué depuis que, sans la faiblesse qu'il avait eue de retarder son voyage, il serait parti de ce moment-là.

Il était facile en effet à madame de Linval, puisqu'elle croyait que mon père était Dormon, de remarquer que ce Dormon était bien loin de lui prouver de la tendresse et même de l'estime. Quoi qu'il en fût, elle dissimula, et proposa, pour le lendemain, une fête, un bal, afin de faire les adieux à M. de Saint-Brice. Je remarquai qu'elle appuyait avec affectation sur ce nom; ce qui me persuada qu'elle n'était pas encore désabusée. On ne parla plus que des détails de la fête préméditée, et chacun se retira chez soi.

Mon père parlait peu; et sans doute, ennuyé du genre de vie qu'il menait depuis quelques jours, il s'en voulait intérieurement de s'y être livré, sur-tout ayant avec lui sa fille, des yeux de laquelle il devait éloigner soigneusement tout tableau un peu cynique. Moi, je dormis fort bien, me réjouissant de l'idée que je verrais le lendemain mon cher Saint-Ange, et que je danserais avec lui. A peine éveillée, madame de Linval me fit appeler : il était question de bonnets, de toilettes : c'était une grande occupation! Elle me fit plus d'amitié qu'à l'ordinaire; mais néanmoins d'un air cavalier qui me surprit sans trop me choquer. Elle présida elle-même à mes ajustemens, et à chaque personne qui entrait, elle disait : est-elle jolie comme ça? hein ? Fera-t-elle tourner des têtes? Allez, elle aura plus de conquêtes qu'elle n'en voudra!....

Le dîner fut gai : on but à la santé de M. de Saint-Brice ; mais avec une certaine ironie qui n'échappa pas à mon père ni à moi. On dansa : je fus fêtée, choyée, vantée avec exagération, et je me serais plaint volontiers de l'excès des éloges de tout le monde, si Saint-Ange ne m'eût tenu une fidèle compagnie, et ne m'eût charmée par des propos moins flatteurs, mais plus vrais. Saint-Ange cependant ne me parut ni aussi galant, ni aussi honnête qu'à son ordinaire. Il me parlait d'une manière un peu libre, et souriait en chœur avec les autres, en me regardant du coin de l'œil. Hélas! on avait débité au pauvre Saint-Ange le conte absurde que j'étais une aventurière, maîtresse et non fille du financier Dormon, etc.; et le crédule St.-Ange avait donné tête baissée dans ces horribles calomnies.

Le bal finit, on servit un souper si beau, si prolongé, où les vins furent prodigués avec tant d'abondance, que, vers la fin tous les convives se trouvèrent en avoir trop pris. Duvillier, Lornevil étaient dans le dernier état de l'ivresse : mon St.-Ange était plus qu'étourdi, et j'eus la douleur de voir mon père lui-même, mon père qui usait de tout avec sobriété, s'endormir comme un homme qui a fait un excès. Je me sentis bientôt à mon tour dominer par le sommeil ; et, croyant cet état naturel, je demandai à me retirer. Non pas, mon ange, me dit madame de Linval, qui, seule avait conservé sa raison ; non, s'il vous plaît, vous n'irez pas seule ; vous coucherez dans ma chambre cette nuit. Voyez donc tous ces hommes?... O mon Dieu! j'ai une si grande peur des ivrognes! je ne dormirais pas! vous me rendrez ce service, n'est-il pas vrai, mon cœur? — Madame, mon père.... S'il se trouvait indisposé cette nuit? Je voudrais ne pas le quitter. — Cela serait naturel, s'il n'avait pas du monde; mais il a Comptois, Saint-Louis, et je vais lui donner Champenois, qui veillera près de lui. Oh! c'est un serviteur unique, vous pouvez vous reposer sur ses soins. Venez, ma belle.

J'insistai pour voir mon père se mettre au lit. On me le permit; mais soudain mes paupières s'appesantirent, et je ne pus ni agir, ni parler.

Frémis, Jeannette! les barbares avaient mis dans mon verre une poudre plus que narcotique: l'effet en était tel, qu'elle donnait au sommeil toute la quiétude de la mort, sans arrêter la circulation du sang, sans nuire aux principes ni aux effets de la vie. On me transporta, dans cet état d'impassibilité, jusqu'à un appartement voisin de celui de madame de Linval, où l'on me mit au lit. On laissa ensuite la porte de ma chambre ouverte, pour me laisser en butte aux insultes des jeunes libertins à qui on avait donné carte blanche pour me déshonorer.

Cependant, par un effet de la justice divine sans doute, qui ne permit pas que l'innocence devînt la proie du crime, ces misérables avaient tant pris de vin, qu'il leur fut impossible de songer à autre chose qu'à dormir : Duvillier, Lornevil et leurs dignes camarades ronflèrent, sans pouvoir s'éveiller, jusqu'au lendemain. Un seul..... Jeannette, dois-je te confier cette particularité ! un seul, le jeune St.-Ange, malgré son état d'ébriété, moins fort que celui des autres, rôdait, à ce qu'il m'a dit depuis, pour me défendre ; car il savait le projet de vengeance sur *la petite fille*, et, loin d'y entrer, il l'avait combattu. St.-Ange, ah, Jeannette!... St.-Ange trouve ma porte ouverte; il entre, guidé par la lumière qu'on m'a laissée; et le cruel, loin de me défendre, de me protéger dans un état d'ailleurs de déraison, le méchant, dis-je, se laisse entraîner par la passion, le lieu, l'heure, le silence, et.... ô Jeannette!...

Toute engourdie que j'étais par le narcotique mortifer qu'on m'avait fait prendre, il me sembla qu'un rêve bienfaisant me rapprochait de Saint-Ange : il me parlait de son amour, et même un baiser qu'il osait me donner me plongeait dans une espèce de ravissement. Voilà, Jeannette, voilà tout ce que je puis me rappeler de cette nuit de déshonneur, où un jeune étourdi, hors de raison, convaincu d'ailleurs qu'il avait affaire à une vile intrigante, déjà déshonorée cent fois, osa.... C'en est assez; suivons le cours de cette fatale aventure.

## CHAPITRE XVIII.

*Voilà où cela mène.*

Je fus très-long-temps à me réveiller, le lendemain matin; et sans une autre drogue, je crois, qui me fut apportée dans mon lit, je doute que j'eusse pu en sortir, tant j'étais abattue. Je ne fus point étonnée de me trouver dans un appartement étranger; je savais que, la veille, M$^{me}$ de Linval avait désiré m'avoir près d'elle; mais mon premier soin fut de demander des nouvelles de mon père. On me dit qu'il se portait bien, et qu'il m'avait déjà demandée pour partir. Je me hâtais d'aller le trouver; il me témoigna ses regrets de s'être laissé, la veille, dominer par le sommeil, et sur-tout de ce que j'avais passé la nuit loin de lui. Moi, qui ne me doutais nullement de tant de trahisons, je l'assurai que, près de madame de Linval, j'avais été en sûreté. Ce bon père secoua la tête, non comme pour dire qu'il n'en croyait rien, mais pour exprimer seulement que j'aurais été mieux près de lui. Il s'en fiait néanmoins à mes principes; et moi, je lui aurais juré que j'étais la plus innocente et la plus pure créature du monde.

Nous descendîmes pour faire nos adieux, et nous trouvâmes Saint-Ange auprès de madame de Linval, qui riait aux éclats. Madame de Linval, en nous voyant, ne cessa point de rire d'une manière même indécente; mais pour Saint-Ange, il se retira en rougissant jusqu'aux yeux. Madame de Linval lui cria: Eh bien, eh bien! où va-t-il donc? est-ce qu'il faut être enfant comme cela?

Madame de Linval m'embrassa d'un air ironique, en me disant: Adieu, mon bel ange; plaise au ciel que vous vous souveniez de votre séjour

séjour ici !.... Elle ne croyait peut-être pas si bien prévoir l'avenir. Elle salua mon père très-froidement : Monsieur retourne donc à Paris ? — Non, madame, je vais à Dunkerque. — Y a-t-il là quelques recouvremens à faire ? Ah, pardon ! je crois toujours parler au financier Dormon. — Madame, vous m'avez promis de finir cette plaisanterie. — Mais elle est finie, monsieur, elle est finie dès ce moment. Je vous salue, et vous souhaite à tous deux un bon voyage.

Un sourire sardonique accompagna ce souhait, et nous sortîmes de la maison pour monter en voiture. Tandis que mon père achevait de donner quelques ordres, Saint-Ange s'approcha de moi. Enfin, me dit-il tout bas, malgré vous, je suis le plus heureux des hommes. — Que veut dire monsieur ? — Que je vous adorerai toujours, parce que je n'ai rien vu d'adorable comme vous. — Ce ton léger ne vous sied pas, monsieur; il est propre aux jeunes étourdis que vous appelez vos amis; mais si vous continuez de l'employer, il diminuera, je vous l'avoue, le regret que j'éprouvais de vous quitter.

Saint-Ange change de couleur, et prend un ton plus décent. Quoi! vraiment, mademoiselle, vous auriez la bonté de regretter un homme qui vous aime? — Je ne fus jamais assez ingrate pour n'être pas sensible à l'intérêt qu'on veut me témoigner. — Ah, mademoiselle! que n'êtes-vous ce que vous paraissez être!

Je fis peu d'attention à cette exclamation que j'expliquai ainsi, d'après l'obscurité des discours des amans : *Que n'êtes-vous sensible pour moi comme l'accent de votre voix semble le témoigner!* Mon père survint, et notre secrète conversation fut interrompue. Mon cœur se serra quand je vis s'éloigner Saint-Ange, et lui-même se retourna plusieurs fois en me fixant avec des yeux remplis de larmes. Madame de Linval était là, qui souriait, regardait St.

Ange, m'examinait, et ne pouvait contenir sa joie maligne. Pour les autres libertins, dieu merci ! ils dormaient encore, et je fus ainsi débarrassée de leurs adieux.

Nous montâmes en voiture, et madame de Linval adressa encore à mon père et à moi quelques traits équivoques, qui nous persuadèrent que cette femme fausse et perfide avait joué la comédie, et qu'elle n'était pas désabusée sur le compte du faux Dormon.

Mon père regretta le séjour qu'il avait fait complaisamment dans cette maison peu décente; et moi, si j'emportai dans mon cœur l'image de Saint-Ange, la suite me prouva que j'emportais encore, de ce séjour de crime, une source féconde de pleurs et de tourmens; le cachet du déshonneur.

Il ne nous arriva rien d'extraordinaire jusqu'à Boulogne-sur-mer, où mon père avait une de ses anciennes propriétés à visiter. Celle-là était perdue comme les autres, et nous nous arrêtâmes dans l'intention de passer quelques mois chez un riche particulier de la connaissance de mon père. Valence, c'était le nom de notre ami, était un homme honnête, d'un excellent ton ; et son épouse, femme aussi modeste que sage et spirituelle, s'occupait avec soin de l'éducation de ses deux enfans en très-bas âge. Quelle différence du séjour de cette maison avec celui que nous avions fait chez la scélérate de Linval!... Ici, des plaisirs non bruyans, mais honnêtes ; une société peu nombreuse, mais choisie ; des amis d'un commerce sûr ; un chef de famille actif, laborieux, quoique aisé, et une bonne mère qui avait la complaisance de me traiter comme sa fille ; ayant soin de ma santé, me questionnant sur les plus petits détails, et me prodiguant les soins les plus tendres. Madame Valence avait été l'amie de ma mère, à laquelle tu sais

Jeannette, que je ressemble parfaitement, et madame Valence témoignait à la fille le même attachement qu'elle avait prodigué à la mère.

Nous passâmes six mois dans cette maison, et il s'en fallut bien, ma pauvre Jeannette, que les derniers fussent aussi gais pour moi que les premiers. Un dérangement imprévu dans ma santé m'alarma d'abord singulièrement. Je fis part naïvement de ce changement à madame Valence, qui fronça le sourcil, et m'affligea au point de soupçonner ma vertu. Cet injuste soupçon m'humilia de façon à me faire verser des larmes. Madame Valence, convaincue par mes protestations, que me dictaient la candeur et l'ignorance la plus complète de la constitution de notre sexe, eut néanmoins la prudence de ne pas confier mon état à mon père. Elle manda secrètement des gens de l'art, qui tous décidèrent que j'étais enceinte.

Enceinte! moi! juge, Jeannette,

de ma surprise, et la naïveté de mes questions ! Enceinte ! bon dieu ! Et de qui ? comment ? en quel temps ? Jamais femme s'est-elle trouvée dans un pareil embarras ! Madame Valence ne pouvait pas raisonnablement ajouter foi à mon ingénuité: elle resta convaincue que j'avais fait une faute, et que la honte m'empêchait de l'avouer. Tu sens bien, Jeannette, que je ne pouvais rien avouer, puisque moi-même j'ignorais comment cet état, que j'appelais une maladie, m'était survenu. Quoi qu'il en soit, convaincue, comme les gens de l'art et madame Valence, que j'étais enceinte, je voulus leur persuader à tous que cela pouvait venir naturellement, et qu'ils étaient tous des ignorans. Pour le coup, les graves docteurs se seraient fâchés, sans la tendre amitié de mon amie qui les appaisa; mais cette amie, sans rien diminuer de son attachement pour moi, me retira néanmoins une partie de sa confiance; et quand je poussai la mienne jusqu'à lui avouer que mon cœur brûlait en secret pour un jeune homme charmant nommé St.-Ange, madame Valence ne douta plus que, malgré mon obstination à le taire, ce charmant Saint-Ange ne fût le père de l'enfant à qui j'allais donner le jour.

Je la suppliai néanmoins de n'en point parler à mon père : elle me le promit, tint parole; mais elle ne me dissimula pas que je serais bien embarrassée pour cacher cela à l'époque naturelle où je devais devenir mère. Elle regretta de ne pas m'avoir chez elle à cette époque redoutable; et moi, ce fut en vain que je pressai mon père de passer chez ces amis la rigueur de la saison de l'hiver : mon père fut inexorable : il nous fallut partir au bout de six mois de séjour et de ma grossesse, qui déjà devenait très-visible pour tout le monde, excepté, heureusement pour moi, pour mon père, l'homme le moins propre à ce genre de remarque. Nous quittâmes monsieur et madame Valence, pénétrés d'estime, moi particulièrement, pour ces rares et précieux amis, et nous poussâmes jusqu'à Calais, où mon père avait encore d'anciens amis à visiter. Je tremblais de n'en pas trouver là d'aussi indulgens que ceux que je venais de quitter; mais le sort combla mes vœux, en m'en offrant d'estimables au-delà de mes souhaits.

Monsieur de Servol était un ancien militaire que l'hymen avait vu s'enchaîner trois fois aux pieds de ses autels. Deux de ses épouses n'étaient plus, et la troisième, âgée au plus de vingt-trois ans, était bien la femme la plus aimable et la meilleure que j'eusse jamais vue. Madame de Servol avait connu ma mère comme madame Valence, et elle me témoigna le plus tendre intérêt. J'osai lui révéler mon état, en l'assurant toujours que j'ignorais absolument comment cela était arrivé : elle sourit, ne me crut point, et eut même la délicatesse de ne point me presser pour lui confier ce qu'elle appelait mon secret. Nous devions attendre le printemps dans cette asile de l'amitié. Madame de Servol me promit de m'aider de ses soins pour cacher à tous les yeux le résultat de la faute qu'elle prétendait que j'avais commise, et je vécus plus tranquille.

Conçois-tu mon état, Jeannette? Te mets-tu à la place d'une jeune personne innocente et modeste, qui se voit mère sans savoir comment cela a pu se faire? N'est-ce pas une situation bien cruelle, bien douloureuse? Car enfin, moi qui ne connaissais absolument que mon sexe, moi qui n'avais jamais quitté mon père, pouvais-je me douter que mon malheur provenait de cette seule nuit où je m'étais éloignée de l'asile paternel? Mais toute cette nuit j'avais dormi, ou du moins je croyais avoir bien dormi. Il ne me vient pas même dans l'idée que mon accident pût provenir de cette fatale nuit, qui ne me paraissait pas plus suspecte que les autres. Cependant, je ne tardai pas à être éclairée sur la cause de cette infortune, et c'est ici, Jeannette, où tu vas connaître le cœur grand et vraiment vertueux de celui qui l'avait causée par une étourderie due au lieue, au temps, à sa situation, et aux gens dépravés dont il était environné.

Un jour que nous étions à déjeûner chez M. de Servol avec sa femme et ses enfans, un domestique vint annoncer le commandeur de Mellery, et monsieur son neveu. A cette annonce imprévue, je pâlis; mon cœur palpita, et je fus prête à tomber en faiblesse. Bientôt cependant la certitude de revoir un ami à qui je n'avais pas cessé de penser, depuis mon départ d'Orneval, rafraîchit mon sang, et me rendit mes forces et mes couleurs. Pour mon père, il fut enchanté de revoir son vieux commandeur, le seul homme qui lui avait plu dans la société de madame de Linval. Comment ! dit-il à M. de Servol, vous connaissez le commandeur de Mellery ? — Si je le connais ! c'est mon ami de quarante ans ! Eh, le voilà !

Le commandeur entre, et tandis qu'il embrasse son ancien camarade, Saint-Ange m'aperçoit, me reconnaît, et vole à moi en s'écriant : Mademoiselle Saint-Brice ! Ah, mademoiselle ! que de torts envers vous j'ai à réparer !... On nous a bien cruellement trompés !...

A ces mots... Mais, Jeannette, il est tard : depuis le temps que je parle, je ne m'aperçois pas que je me fatigue, et que l'heure s'écoule. A demain, Jeannette, à demain soir ; je t'acheverai le récit d'aventures non moins singulières que les premières, mais qui vont bientôt finir. »

Cécile et Jeannette se livrèrent au doux repos du sommeil, et le lendemain soir, Cécile reprit en ces termes sa narration bien intéressante pour la bonne Jeannette.

*Fin du Tome premier.*

# TABLE DES CHAPITRES

Contenus dans ce Volume.

Chapitre Premier. *Neuvaine à Saint-Nicolas.* Page 12
Chap. II. *Voilà Jeannette.* 22
Chap. III. *Adoption.* 36
Chap. IV. *Le petit cœur de Jeannette.* 49
Chap. V. *Exemple consolant pour bien des Epoux.* 60
Chap. VI. *Caractères communs.* 73
Chap. VII. *Joli avancement.* 84
Chap. VIII. *L'amour au village.* 97
Chap. IX. *Evénemens rapides.* 109
Chap. X. *Tableaux moins sombres.* 121
Chap. XI. *Est-ce bien une faute?* 133

Chap. XII. *L'attendait-on ?* 143

Chap. XIII. *C'est sans doute un caprice.* 155

Chap. XIV. *Intrigue épistolaire.* 167

Chap. XV. *Les voilà d'accord.* 179

Chap. XVI. *C'est un tour affreux.* 192

Chap. XVII. *Comment avouer cela.* 204

Chap. XVIII. *Voilà où cela mène.* 215

Fin de la Table.

www.ingramcontent.com/pod-product-compliance
Lightning Source LLC
Chambersburg PA
CBHW051904160426
43198CB00012B/1738